侍ジャパンヘッドコーチの
最強の組織をつくるすごい思考法

白井一幸

ACHIEVEMENT PUBLISHING

はじめに

今回、侍ジャパンでＷＢＣを戦い抜いたあとに、皆さんから「おめでとう」よりも圧倒的に「ありがとう」の声を多くいただきました。

「チームが一丸となっている、同じ方向を向いている。重圧のなかでも楽しそうに明るくプレーしている姿に感動しました、元気をもらいました、涙が出ました」

こう言っていただけるのです。

目をつり上げて死に物狂いで優勝をめざすといったスポーツ界に根強くあるイメージの対極に侍ジャパンはいました。

あれだけ個性的なメンバーが、なぜ誰一人として横を向かず、全員がチームのゴールを自分事として最後まで全力で戦い切ったのか？
そのエッセンスは、理想を掲げながら、なかなか実現できていない組織に役立つのではないかと思い、筆を執らせていただきました。

メンバー一人ひとりがリーダーシップを発揮する組織づくりは可能です。そのために指導者に特別な才能やスキルは必要ありません。誰でも今すぐにそうなろうと思ったらなれるものなのです。

目次

第1章 侍ジャパンはなぜ世界一になれたのか？

第2章 信じる力がチームにもたらすもの

第3章 世界最強のチームビルディング

第4章 最高の指導者には誰でも今すぐなれる

第1章

侍ジャパンはなぜ世界一になれたのか？

侍ジャパンを優勝に導いた3つの原則

2023年3月21日（日本時間3月22日）、侍ジャパンはメジャーリーグのトップ選手を集めたアメリカ代表を下し、7戦全勝で3大会ぶり3度目の優勝を果たしました。

1点リードで迎えた9回2アウトで、打席に立ったのはアメリカの主将マイク・トラウト。大谷翔平選手とのエンゼルス同僚対決は、野球史に残るあまりにもドラマチックな展開でした。鋭く曲がったスライダーにトラウトのバットが空を切った瞬間、大谷翔平選手は帽子とグローブを放り投げて感情を爆発させ、ベンチから飛び出してきた選手たちと抱き合い、歓喜の輪ができました。

「侍ジャパンはどうして世界一になれたのですか？　選手たちはどんなことを考

えていたのですか？　現場では何が起こっていたんですか？」
日本に帰国後、たくさんの「おめでとう」「ありがとう」の声をいただきながら、皆さんから同じような質問を受けました。

侍ジャパンの中心選手であった大谷翔平選手、ダルビッシュ有選手。そして、チームを率いた栗山英樹監督も北海道日本ハムファイターズの出身です。

今回、何か特別なことをしたわけではなく、２０１２年にファイターズに栗山監督が来てから一緒に取り組んできたことをそのまま実行しただけです。もっと言えば、ファイターズが日本一のチームづくりをめざした１９９９年からチームづくりの原則は変わっていないのです。

チームビルディングの柱は３つです。まずは全員が目的・目標を自分事として共有することです。

そして、そのゴール達成に向けて、組織のすべての人に与えられた役割責任があります。2つ目は全員が役割と責任を全うすることです。

ゴールを共有し、全員が役割責任を果たしたらもう完璧な組織です。しかし、完璧な人間はいないので、できるできない、立場の強い弱いによって役割責任を果たせない人が出てきます。これら2つができることが理想ですが、現実はそうではありません。

そこで3つ目として関わり合う必要が出てきます。

今は少しでも関わり方を間違えてしまうと、モラハラ、パワハラで訴えられる。人間関係が壊れるという風潮もあり、自分ができることだけをして、あとは我関せずという空気になりがちです。

誰だって嫌われたくありませんから、おせっかいやトラブルの種を生み出すリスクがあるのなら、黙って自分のことだけをやっておこうと思うのは無理もありません。こうした縦割りの無関心型組織は数多くあります。

自分の感情や立場を優先すると、人に関わることはできなくなります。つまり、矢印が自分に向いているということです。

人に関わるためには、１つ目の原則である「ゴールに焦点を合わせる」が必要になります。その時々の感情ではなく、今、隣のチームメンバーのしていることはゴールに向かっているのか？　効果的か？　矢印をゴールに向けて考えることで選手に関わらなければならないことがわかります。ゴールに近づくために、自分にできることをする。それがリーダーシップを発揮するということでもあります。

関わることを恐れる指導者

関わるときに、私たちはつい原因や責任を追及してしまいがちです。起きてしまった事実、すなわち、過去に焦点を合わせるとダメ出しの関わりになります。これは人間関係を悪化させます。

事実は事実として伝える。しかし、それは最善を尽くした結果ですから原因追及はしません。焦点はつねにゴールです。我々が今していることはゴールを達成するために効果的なのか、めざしているところに向かっているかどうかを一緒に考えていきます。

今していることは効果的ではない。だから変える必要がある。それは事実として伝えます。ただ、話し合って考えるのは、原因ではなく解決策です。「現状を考えたときに、ゴールに行くためにできることってなんだろう？　今回の学びから活かせることはないか一緒に考えながら進んでいこう。手伝えることがあればなんでも手伝うよ」

このような関わり方をしていけばどうでしょう？　人間関係は壊れるどころか良好な関係ができます。

なぜチームがまとまらないのか？　指導者が選手に関わることを恐れるのか？　関係性が悪いからです。問題が発生したとき、原因追及を始めると「なぜこれが起こったのか？　原因はなんだ？　誰がどういうことをしたらこうなったのだ？」と結局は犯人探しになります。

これでは失敗を恐れて、上からの指示に従っていればいいと割り切る選手が出てきても当然です。ひどいと内心では敵対心を抱くかもしれません。本音の対話はなくなってチームはまとまらず、指導者の言葉は選手の胸に響かなくなります。選手の自発的な行動はなくなります。

指導者の指示命令はエスカレートして、結果が出ないとさらに激しく責任、原因を追及される。選手はますます心を閉ざして、パワハラだ、モラハラだと言い出す人間も出てきます。

じつは問題が起きたときこそ、選手との結束が深まる、チームがまとまるチャンスなのです。

「負けは負けだ。仕方ない。でも悔しいよな。二度とこんな思いをしないためにはどうしたらいいだろう?」

「ここを乗り越えたら、もっと選手として成長できる。失敗はチャンスなんだ」

「このチームの力はこんなもんじゃない。もっとできる。絶対にできるよ」

問題は問題ではないのです。問題が起こったとき、つねにどうしたらいいか一緒に解決へ向かっていくという図式になると、指導者は関わることになんの恐れも抱かなくなります。

結果は結果として受け止め、「おれは絶対にできると信じている」と相手の存在を承認する。失敗は失敗です。負けは負けです。賞賛はできません。でも、戦い抜いた姿、全力を尽くした姿を承認することはできます。

つまり、誰よりも指導者自身がゴールを自分事と捉え、そのゴールに行くために役割と責任を果たしている状況にないと、人には関われません。

指導者はどうしても自分やできている選手と比較して「そんな努力じゃダメだ」と言い始めてしまいがちです。でも、じつは指導者自身がいちばんゴールから外れているのです。

「今日の負けは悔しいけれど、みんなのあきらめない姿はチームを鼓舞した。この経験はチームの成長に必ずつながるよ。明日勝つためにどうしたらいいかを考えよう」

うまくいかないときほど、心から自分を承認し、選手を承認し、エネルギーが生まれる方向へチームを導いていけるか。失敗したときこそ、チャンスと捉えて関わることで指導者自身がいちばん成長します。自分の成長が選手の成長になり、組織の成長になります。

だから、3つの原則のなかで「関わること」がいちばん重要です。指導者としてチームをゴールに導く力が鍛えられて、結果的に組織の目標を達成することができます。

結果ではなく成果に焦点を当てる

うまくいっていないときほど、指導者として成長する機会だと述べました。一流の指導者は失敗だけではなく、成功からも学びを深めていきます。

「今日は選手の戦う姿勢が現れたいい試合だった。明日はどうしたらもっと選手の士気を高めるようなミーティングができるかな？」

「チャンスで凡退してしまった代打の選手が打てるようになるためには、もっと違う声がけのほうがよかったかな？」

「あの場面ではピッチャー交代したけれど、もっと違う采配をしたほうがよかったかな？」

勝ち負けは結果にすぎません。指導者が焦点を当てるべきは、結果ではなく成果です。

ヒットを打てた。打てなかった。
三振を取れた。取れなかった。
難しいボールを捕球できた。できなかった。

すべて結果です。今日はできたけど、明日はできないかもしれない。結果はコントロールできません。

でも、ボールがバットに当たった瞬間、1塁まで全力疾走する。1球1球に集中して全力で腕を振る。いつでもボールに反応する準備をして打球に食らいつくことはいつでも誰でもできます。意識してできることが成果です。

1塁ベース目がけて全力疾走するから勝てるわけではありません。でも、結果に対する期待値の高い成果を出し続ければ、成功する確率は高まります。

試合では往々にして相手を見てしまいがちです。「あの強豪だから仕方ない」「あんなにスター選手を揃えていたら勝てないよ」と、私たちはよく負けた原因を相手チームのせいにしてしまいます。

アメリカとの決勝前に大谷翔平選手が円陣でこんなことを言いました。

「ファーストにゴールドシュミットがいたり、センターを見ればマイク・トラウトがいるし、外野にムーキー・ベッツがいたり、野球をやっていたら誰しも聞いたことがあるような選手たちがいると思う。憧れてしまっては超えられないので、僕らは今日超えるために、トップになるために来たので。今日一日だけは彼らへの憧れを捨てて、勝つことだけを考えていきましょう。さあ、行こう！」

我々は2大会連続で負けていた準決勝をメキシコ戦での大逆転劇で勝ち上がれ

ました。チームとしても、本来であれば準決勝で当たるはずだったアメリカと決勝で試合ができる。ここまでよく来たなという満足感が少なからずありました。

大谷翔平選手の憧れてしまっては超えられないというメッセージはゴールを見よう。アメリカを見るなという話です。

初戦の対戦相手である中国やアマチュア選手のチームであるチェコに苦戦を強いられたのは、成果ではなく結果を見てしまったからです。つまり、自分たちにできることではなく、相手を見てプレーをしてしまった。アメリカを前にまたそういう空気になっているというメッセージだからこそ、大谷翔平選手の言葉はチームに響いたのです。

相手を見ながらプレーするのは全力ではありません。全力を出し切れば、絶対に勝てるというマインドが大谷翔平選手の声がけに凝縮されていました。

責任と役割

組織内で新人は新人の、ベテランはベテランの、わたしにはわたしの強みがあるわけです。新人には新人にしかできないことがあり、ベテランにはベテランにしかできないことがある。全員がもっている強み、個性をチームのゴールに向かって発揮することがリーダーシップです。結果、多様性のある組織になります。

つまり、役割責任とは、全員がそれぞれリーダーシップを発揮することです。その役割と責任に「関わること」が、当然全員ができるリーダーシップとして存在します。

ダルビッシュ有選手が若い選手に積極的に声がけをしたり、経験を伝えるのはダルビッシュ有選手にしかできないリーダーシップであり、佐々木朗希選手がダルビッシュ有選手にスライダーの投げ方を教えてほしいと聞くのは自分自身がもっと成長して、チームの勝利に貢献するために勇気をもって聞きに行くという若い選手にできるリーダーシップです。

村上宗隆選手は凡打をするなど結果が出ないときに、ベンチの隅で頭を抱えるのではなく、すぐにベンチの最前列の中央で次の選手に対して声援を送っていました。

試合で活躍することだけがチームに貢献することではありません。結果が出ていなくても自分にできることは何か？　チームの勝利に貢献できることは何かを考えて、自ら考え、行動する。これがまさにリーダーシップです。侍ジャパンのなかではあらゆる場面でそういうことが起こっていました。

ファイターズと同じことを侍ジャパンで続けた

これまで述べてきたことは、侍ジャパンが発足してから始めたことではなく、北海道日本ハムファイターズ時代から取り組んできたことです。１９９９年からチーム改革に着手し始め、２００６年には44年ぶりに日本一を実現しました。その経緯は『北海道日本ハムファイターズ流　一流の組織であり続ける3つの原則』にまとめてあります。

> 誰だってできない理由はいくらでも挙げられます。しかし、めざさないかぎり永遠に達成できません。たとえ日本一というまったく現実味のない目標であったとしても。
> もちろん、理屈では選手もわかっています。でも実践できないもので

す。だからこそ、指導者ができることから導いてあげるのが大切なのです。

ファイターズは2軍選手から日本一をめざすと宣言して始動したのが2001年です。もちろん、目標にしただけでは定着するはずもありません。そこで指導者の出番です。

選手たちがほんとうに心から日本一をめざすために、チームの意識を変革するために、毎日練習が終わると、わたしは選手たちにこう声を掛けました。

「○○、今日は日本一にふさわしい練習ができたかな?」

「はい!」

「そうだな、今日すべての練習メニューを一瞬たりとも気を抜くことなく、最高の集中力を発揮して取り組んでいた。すばらしい練習姿勢だった。明日も日本一になろうじゃないか」

ただ現実には全員が言ったとおりのことを完璧にできるラクな指導はありません。頭では理解していても、つねに全力で練習できていない選手もいます。

「どうだ、〇〇、日本一の練習はできたか？」

「……できなかったです」

「そうだな、たしかに、あの苦しい場面を乗り越えられなかったな。でも、あきらめたというのは結果だよ。その原因はなんだと思う？」

「気合が入っていなかったと思います」

「そうか、では今日グラウンドに出てくるときに、『おれは何がなんでも日本一の練習をするんだ。チームの一員として役割と責任を必ず果たすんだ』という強い気持ちをもってグラウンドに来ることができたか？」

「もてていませんでした」
「大事なのは結果ではなく強い気持ちをもつことができたかどうかだ。明日こそ日本一になろうじゃないか」

指導者にとって必要なのは、選手の身体ではなく心を動かすこと。できなかった選手を頭ごなしに否定せずに励ます。共に日本一をめざすチームの一員として鼓舞する。それによって少しずつ日本一になるためにふさわしい練習が続けられていきます。

この理想論のような育成をファイターズは1999年から取り入れ始めていました。当時のプロ野球界から見れば異端中の異端であり、周りからはさまざまな反発の声があり、否定論者もたくさん現れました。

しかし、2軍監督に就任してから5年後、ほんとうに44年ぶりの日本一に輝いたのです。このときの土台づくりは、2016年の優勝にもつながっていきます。

この取り組みを侍ジャパンにも置き換えて、世界一になったことでより、成功の原則に説得力が増しました。

チームビルディングとは詰まるところ、選手一人ひとりとの関係性をどのように構築していくかということです。その源泉はチームをまとめ上げていく指導者自身の在り方です。

関係性の構築においてコーチングが注目されることもありますが、それはスキルにすぎません。指導者の在り方とは普遍的なものなので、20年以上経った今でも変わらないし、廃れません。

なぜコーチングがスキルなのか？　指導者の在り方がぶれないものであれば、

言葉は自然と湧いて出てくるからです。本心で思っていないのに「いいね」とか「大丈夫だよ」と言われると逆効果になります。

たとえば、あなたがうまくいかず、もがき苦しんでいる最中にコーチから「大丈夫、大丈夫」と言われたら、どう思うでしょうか？

あるいは必死に考えて、自分なりに試行錯誤しているときに「大丈夫？」とクエスチョンマークが付いたらどうでしょう？「そんなに信頼ないの？」とがっかりしてしまいませんか？

「大丈夫」ほど無意味な言葉はありません。時と場合によっては「全然状況を理解していない。おれのことをわかっていない」と信頼を損ねる言葉になります。「大丈夫」は相手に寄り添った言葉ではありません。

指導者のコミュニケーションとは、「こういう場面ではこういう言葉がけをしたらいい」「質問はこういう型でしたらいい」といったものでは括れません。自然と湧いて出る言葉でなければ、相手には伝わりません。

人と人との関係性において、何が信頼を生むのか、信頼を損ねるかは変わりません。だから、ファイターズでやっていたことは色褪せないのです。

第2章
信じる力が
チームにもたらすもの

栗山監督の信じるスタンス

では、指導者として栗山監督がどういうスタンスを取っていたかをお話したいと思います。栗山監督は一体何をしていたのか？

信じて、任せて、感謝する。このサイクルを回し続けていたのです。

口では、「選手を信頼するから指導者も信頼されるんですよ」と言われますが、ほんとうの信頼は任せることでしか生まれません。何を言うかより、何をしているかが重要で、信頼とは任せることではじめて機能するのです。

もちろん、相手を見ないでなんでも任せてしまうのは単なる丸投げです。「ここを乗り越えれば、必ず大きな成長になる」。そう信じて、任せる側が責任をもって、相手に権限を委譲する。相手の成長のために責任を与えるのです。
ですから、信頼して任せた以上、結果が良かろうが悪かろうが、すべての責任は任せたわたしにあるので、すべてが感謝になります。

「三振したけれども、最後までなんとかしようとボールに食らいついていってくれたよね」
「今日の試合は負けてしまったけれども、最後までやるべきことをやり続けて、その姿に一瞬足りともあきらめはなかったよね。感動したよ。ありがとう」

感謝すると何が起きるかというと、感謝されるようなことしか自分の周りには起きなくなります。良い結果も悪い結果もすべて「ありがとう」になるからです。

誰も責めない、批判しない。選手のために何ができるのか、チームのために何ができるのか。栗山監督は信じて、任せて、感謝するサイクルの中にずっといる人なので徳を積んでいます。結果的に奇跡のようなことが起こり、周りから見たら運のいい人だと思われますが、徳を積んでいるだけなのです。

この信じて、任せて、感謝することに技術や能力は要りません。今日から自分はそういう生き方をすると決めたら、誰でもできます。しかし、多くの人は「でもね」「だってね」としません。それは「やらない」と言っているだけです。

あなたは指導者として、どんな結果をつくりたいのですか？　どうなりたいのですか？　どんな関係を相手と築きたいのですか？　そのためにはどういうスタンスで生きていきますか？

生まれながらの素質は何も要りません。誰でも今からできるのです。

自責と他責

栗山監督のスタンスは、すべての責任は自分にある。ゆえにすべて感謝とは、自責思考です。起こることすべてに対して、自分の責任だと思うのはためらわれるものです。しかし、指導者にとって自責思考ほどラクなことはありません。

結果：選手がエラーをした。三振をした。
解釈：あいつは鍛え方が足りない。もっとトレーニングさせないとダメだ。

これは他責の思考法です。「わたしは悪くない。悪いのはあなただ」という解釈です。これで関係性はすべて壊れます。

結果：選手がエラーをした。三振をした。
解釈：エラー、三振を招いて申し訳なかった。次こそは選手が活躍できるよう、どんな指導をしたらいいだろう？

これが自責の思考法です。自分が任せた結果、三振したので、選手の三振は指導者の三振です。自分が指導した結果、守備でエラーしたので、選手のエラーは指導者のエラーです。だから失敗の原因を選手に置いて、相手を責める。変えさせようという言葉は一切出てきません。
「みんなの前で嫌な思いをさせてごめんね」「全力でプレーしてくれてありがとうね」

こうしたスタンスで指導し始めると、何が起こるでしょうか？

「白井さんじゃなくて、ぼくができなかったんです」

選手からこんな言葉が出てきます。それに対して「いやいや、おれの指導が悪かったんだ」とコミュニケーションしていくと、指導者と選手の関係性は悪くなりようがありません。自分が自責のスタンスだと相手も自責のスタンスに立ちます。反対に自分が他責のスタンスだと相手も他責のスタンスに立って衝突が起こります。

他責とは、言い換えれば、「悪いのはあなた。あなたが変わらないとよくならないんですよ」「わたしはちゃんとやっています。わたしは変わらなくていいんですよ」という自己成長の放棄でしかありません。人間関係を壊すだけではなく、自分の成長も止まります。

選手の三振を自分の責任だと思っていたら、指導者はどう考えるでしょうか。「次はどんな指導をしたらいいんだろう?」しかありません。人間関係もよくなって、自分も成長していきます。こんなにラクで幸せなことはありません。

他責の人の多くは、じつは他人に「あなたが悪い」と言っているのと同じくらい自分を責めています。

「また同じことばっかりやって」
「人のことを傷つけて、何をやっているんだ」
「だから、自分はダメなんだ」

他人を責めるのと同じように自分を責め始めると自分が壊れていきます。

だから、自責であっても、相手を責めないように、自分も責めない。

「一生懸命やったよね。確かに思うような結果が出せなくて悔しいし、残念だけれども、最善の指導はしてきたよね。なんとかしようと考えられるだけのことはしたよね」

結果は起きてしまったことです。変えられません。失敗してもできているところはちゃんと自己承認する。そしてゴールに焦点を合わせてセルフコーチングしていくと落ち込みようもなくなります。

「今回の学びを次に活かせることって何？　どんなことを身につけたらいいんだろう？」

「次はこういうことをやってみようかな。今すぐやらないとな」

つねに気持ちは前を向いて進んでいきます。

自責のスタンスに立てば、自分も相手もポジティブになって、成長して、関係性もよくなっていきます。人の悪口や批判は出なくなります。そもそもこの組織を選んだのは自分。仕事を選んだのも自分。スケジュールを立てたのも自分。今していることは全部自分で決めているのですから、それはもう当然です。

自責のスタンスに立つと見える景色が変わります。肩の荷が下りるのです。起きていることすべてが「ありがとう」と「ごめんなさい」しかなくなります。成功したら自分の指導をうまく結果につなげてくれた選手に感謝です。失敗したら自分の指導で結果を出せなかった選手にお詫びです。

そして「残念だったけど、完了。ではどうするの?」と、ゴールにどんどん近づいていきます。物事を完了させずに「なんで?」をやり始めるから落ち込んで、深みにはまっていきます。結局、自責にしないほうがラクだから他責にしていきます。お互い「悪いのはわたしじゃない」と思っていたら、関係性は壊れるばかりで、いつまでもゴールには辿り着けません。

なぜ他責になってしまうのか？

なぜ自己責任が嫌なのか。他責になるのか？　自己正当化するためです。自分の正しさを他人に押し付けているのです。

多くの人が、自分の非を認めることが自責だと思っています。そして「自分の責任です」と言ったら、周りが責めてくると思い込んでいます。ほんとうの自責とは起きていることを受け入れることです。

非を認めると責められるイメージになるのは、誰もが小さいときから、問題が起きたら責められるということをやられ続けているからです。責められないほうが安心、安全と思い込んでいるから、自分の非を認めない。正しさを主張する結果、他責になっていきます。

でも、現実には「言い訳ばかり言って」「往生際が悪いな」「責任感がないな」と、どんどん信頼を失っていきます。

自分が優位な立場に立っていれば「おれはちゃんと指導した。ミスをしたお前が悪い」で話は通りますから、ラクできるし、努力もしなくていいかもしれません。でも、選手は一向に成長しないので、誰も優秀な指導者だなんて思ってくれません。

「ほら、言ったとおりだろ？」
「なんでできないの？」
「何度同じことを言わせるんだよ」

これを言って起こっているのは、同じミスを何度も繰り返す選手がいることだけです。そんな指導者を見て、誰が厳しくて優秀でいいコーチだと思うでしょうか？

選手が同じミスをするのは、「こんなコーチの下じゃ、こんな指導じゃ、やりたくない」という逃避が、知らず知らずのうちに形を変えているだけだということを知っていただきたいです。

また、自責＝非を認めると捉えると、ミスをしたときに自分を責めるということにもなります。これは自分自身との関係が悪くなります。

他責のほうが安全だし、ラクだというのは、目の前の感情に焦点を合わせて、目先の心地よさに安住しているのです。一歩もゴールには進んでいません。

当然、結果は出ません。自分とも他人とも関係性は悪くなっていきます。それによって落ち込む。傷つく。心の負担が増えるばかりで最終的には自分や他人との関係が完全に破壊されます。とても恐ろしいことです。


結果が出ないと壊れ続ける関係ほど大変でつらいものはありません。他責はほんとうに心地よいものでしょうか？　むしろ、ゴールから離れる行為です。

チームのいちばんの目的はゴールに到達することです。

「これはできたね。これはできなかったね。じゃあ、次は何をしたらいいだろう？　まだ結果は出ていないけど、一歩は進めたね」

このようにうまくいかないことも、自責思考ですべて受け入れていくと、ゴールにどんどん近づいていけますし、ワクワク感につながって、継続的な関係性が築けます。

緊張100%　リラックス100%

今回の侍ジャパンでなぜ選手たちがあんなに楽しそうだったのか、重圧のなか笑顔でプレーしていたのか。自責の集団だったからです。

プロ野球選手と言えど、全選手が野球を始めたとき、うまくなりたい。勝ちたいでスタートしているのです。もっとうまくなりたい。勝って喜びたい。成功して達成感を味わいたい。それが野球を続ける選手の原動力なのです。

しかし、野球界では長らく「なぜエラーしたの？　なぜ負けたの？」と、ペナルティーを課すという指導がされてきました。競技レベルが高くなって、求められる水準が厳しくなればなるほど、いつの間にか怒られないよう、失敗しないよう、負けないようにと意識が向かいがちでした。生まれるのは萎縮と恐れだけでワクワク感なんてありません。

今回の侍ジャパンで、栗山監督をはじめとする指導者は全員自責思考でした。ミスが起きたら、任せた自分が悪い。起きていることはすべて受け入れる。絶対に選手を責めるということがなかったので萎縮、恐れはないわけです。むしろ、失敗しても「全力でプレーしてくれてありがとう。感動した。ほんとうに感謝しているよ」と励まされる。

恐れがないとは、勝つこと、成功することしか考えていないということです。「俺たちなら絶対できる」「お前たちなら絶対できる」という関係性しかないので、うまくいかなかったとしても「お前なら次はできるよ」「おれがカバーする。任せとけ！」という言葉がけしかなくなります。何が起きても良い悪いはない。みんな前しか見ていない。ゴールにしか向かっていないわけです。

この空気感ができると、プレーボール前に「みんな、こんなにリラックスしていていいの？」というくらい楽しそうに練習をしている光景が見られます。いざ試合が始まったらスイッチがパーンと入って、「さあ行くぞ！　さあ勝てるぞ！　さあ楽しもうぜ！」と、成功しか見ていない。前向きなエネルギーが伝播します。

試合前はリラックス１００パーセント。試合に入ったら集中１００パーセント。この２００パーセントの振れ幅の中で侍ジャパンはプレーしていたわけです。

そして、試合が終わったら「楽しかったよね」と、またリラックスに戻る。わたしはこの振れ幅がチームとしてのエネルギーそのものだと思っています。

ところが、これまでの野球界ではリラックスしていると、「緊張感が足りない」「油断をしていると足をすくわれるぞ」「そんな態度でもし失敗したらどうなるかわかってんだろうな」と脅されてきました。全然リラックスがない。リラックスはたるんでいるものだとされて、練習中も試合中もつねに緊張を強いられる。つまり、失敗しないように、怒鳴られないように気を遣って、反対に集中できなくなります。

リラックスの幅が狭いと、集中の幅も狭くなります。身体も弛緩がなく力を入れっぱなしだといつか故障します。リラックス10パーセントでは、集中も10パーセントです。それが安心安全だと思っている人がたくさんいます。

心理的安全性があるから、リラックスできて、リラックスできた分、集中力も発揮できます。集中力が必要であればあるときほど、リラックスも必要です。「本番で集中するだろうから、試合前はリラックスしてもらっていいよ」というのは選手に対する信頼です。指導者が「いつでも緊張感をもってやれ！」と言うのは失敗したときの言い訳のためです。選手の集中を削ぐし、ゴールに向かっていない思考です。集中がないとチャレンジがないし、チャレンジがないと何も起きません。

第3章
世界最強のチームビルディング

宮崎でおこなった最初のミーティング

侍ジャパンでは、キャンプの初日に目的と目標の共有をおこないました。
「目標は世界一。目的は野球界の頂点として観ている人のお手本になってプラスの影響を与えよう。日本の代表として野球を通して観客、ファンに感動を与えよう。じゃあ、代表としての手本って何？　感動って何？　全力だよね。意識してできることを誰よりも徹底してやることだよね。全員がレギュラーだけど試合に出られない選手もいる。試合に出られない選手がチームを勝たせるんだ。ここには試合に出る出ない関係なくチームを勝たせられる選手が集まっていると、私たちは知っている。みんなで世界一を獲りに行こう」

ゴールを全員に共有したのは初回のミーティングだけです。それからは「今日のプレーはほんとうにチーム全体に勇気を与えられた？　ファンを感動させられた？」と折に触れてフィードバックします。

最初にゴールを共有して、それぞれの役割責任をどう全うするかは任せているので、あまりしつこいフィードバックはしません。

「中国やチェコの試合でみんな感じたことがあるよね？　なぜチェコの選手が佐々木朗希選手の球をあんなに打てるんだろうと驚いたよね？　デッドボールを受けてもすぐに立ち上がって1塁まで走っていく姿にスタジアムから自然と拍手が沸き起こったよね？　彼らは日本相手だからってあきらめていなかった。こんな速球に負けてたまるか。こんな痛みに負けてたまるかと全力だった。彼らは日本を見ていなかった。自分たちにできることに焦点を当てていた。

我々はできることを全力ですることが大事だという話をしていたのに、中国やチェコを見て戦っていたよね。それは違うよ。相手は関係ないよ。世界一をめざして戦っていこう」

今回の侍ジャパンは歴代最強と言われ、大会前からアメリカとの優勝争いが予想されていましたが、一試合足りともラクな試合はありませんでした。それでも大会を通して成長し、世界一になれたのは全チームがすばらしいライバルだったからです。

チェコの選手たちが、母国ではマイナースポーツだけど、野球をもっと知ってもらいたい。海の向こうの視聴者たちに何かを感じ取ってもらいたいと思って全力でプレーをしているからこそ、その姿に侍ジャパンの選手たちも感動し、感謝しました。大谷翔平選手がチェコ代表の帽子を被ってアメリカへ渡ったというのはその表れです。

緊急時はティーチングとヘルプ

これまで述べてきたことを「きれいごとだ。理想論だ。時間がかかりすぎる」と思われる方もいるかもしれません。ビジネスの現場なら週単位、月単位、四半期単位、年単位で求められている成果を出さなければならない組織もあるでしょう。限られた時間で結果を出さなければいけないときはどうすればいいでしょうか？

たとえば、メキシコ戦での最終回、村上宗隆選手に「どうやったら打てると思う？」なんて質問はしません。「この場面はどうしたら打てる？」というのはオープンクエスチョンです。これは時間がかかります。

「このピッチャーは確率としてどういうボールが多いかわかっているよね？」と

具体的に聞いていきます。あるいは「まっすぐだけに集中していこう!」と指示命令をおこないます。

緊急時はコーチングではなく、ティーチング、ヘルプです。選択質問、あるいは具体的な指示命令をします。

「依頼したことができていないよね。これは責任をもって教えたとおりに今日中にやっておいてね。決めたことだし、約束だから。きみがやらないと前に進まないからね。頼んだよ」

これが指示命令、ティーチングです。

「もし手一杯なら手伝うから一緒にやろう」「できる人にスイッチしよう」。

これがヘルプです。

普段の関わりはコーチングとサポートです。もし、目の前で火事が起これば ヘルプします。そのときに「どうやって鎮火するかみんなで考えよう!」とは言いません。

ただ、ティーチングやヘルプのあとでも必ずあとで振り返りをします。「もし同じ場面がきたら、どうやろうと思う？　あのときどんな気持ちだった？　次からはどうしたらいい？」と、コーチングしていくことで成長をサポートできます。

よくありがちなのは、50メートル投げられる選手で組織の目標をなんとか達成できてしまうので、10メートルしか投げられない選手は戦力外としてなきものとする。これは組織がダメになる典型的なパターンです。

侍ジャパンでは、試合に出ていない選手も含めて全員がレギュラーでした。短期決戦ですから、全員がレギュラーだけど、調子のいい選手を使います。

コンディション調整は選手たちの責任です。なぜなら、監督、コーチは選手の身体や微妙な感覚はわからないからです。

試合に出るために調子のピークを合わせるのは選手の責任です。でも、残念ながら全員が試合には出られません。

じつは、チームを勝利に導くのは試合に出ていない選手たちなのです。出られる選手ではなく、出られない選手なのです。どういうことでしょうか?

たとえば、同じポジションを2人の選手が争っていて、1人がスターティングメンバーに選ばれます。ベンチの選手が「あいつのほうが下手なのになんで試合に出てるの? こんなんだったら選ばれるんじゃなかった。まぁ、でもミスしたら試合に出られるチャンスがあるから、ミスしないかな。ちぇ、打ちやがって。つまんねえ」。

こんな態度でベンチに控えていたら、チーム全体の士気が下がります。出ている選手も力を発揮できません。

「試合に出られないな。でも監督は全員がレギュラーだと言っていたな。調子のピークは、自分で合わせてほしいと言われたんだよな。悔しいけど自分の責任だ。じゃあ、試合に出ずともチームの勝利に貢献できることはないかな？　もうムードメーカーを務めるしかないな。

あいつが打ったら、自分のホームラン以上に喜ぼう。それぐらいの人間のほうがチームに貢献できるよね。もし、ミスをしたら『大丈夫、大丈夫。お前ならできるよ。おれの分まで頼むよ』と言ってたら力を発揮できるかもしれない。できることはたくさんある。全部やっていこう」

こういう選手が溢れるベンチの雰囲気は最高です。出ている選手は力を遺憾なく発揮できます。つまり、試合に出ていない選手のほうが大きな影響力を与えるのです。

レギュラーの選手だって「あいつは悔しいはずなのにチームのために全力でできることをしている。すごいな。自分がその立場になったら、同じようにできるかな？　あいつの分までがんばらないと」と意気に感じます。自分一人では出せない力を発揮できます。

だから、試合は控えの選手が勝たせるのです。ベンチに控えている選手の存在がどれだけチームにとって大きいか。試合に出ている選手の力を引き出すか。それを知っていたら、サブのメンバーこそ指導が必要だとわかります。

試合に出ている選手は出ている選手の、出ていない選手は出ていない選手のリーダーシップがあります。それぞれの立場でどうしたらゴールに行けるのかを考えて実行する。これが全員がリーダーシップを発揮する組織です。

みんなが自分でできることを自ら考え、行動していく。これほどの安心安全空間はありません。レギュラーの選手だけがんばってくれよ。サブの選手はいらないでは、短期的にはよくても長期的にはゴールに辿り着けません。全員が大谷翔平選手のチームはありません。

どんな結果を得たいのか、そのためにどんな組織をつくればいいのか。ゴールに焦点を当てたときに、できている人だけに関わる指導と、できていない人にも関わる指導。どちらが効果的でしょうか？

掛け算型の組織、割り算型の組織

仮に全員が大谷翔平選手みたいなチームだとしましょう。それでもレギュラー組を重視して、サブの選手たちを指導しないと組織は壊れていきます。

なぜなら試合に出られる選手は限られているからです。会社組織なら全員がトップレベルの実力者でも成績や評価は優劣をつけざるを得ません。

もし、試合に出られない残り半分の大谷翔平選手が不満を言っていたらどうでしょうか?

チームとしての成果は個々人のパフォーマンスの集積です。チームにとって言われたことをする人は足し算、言われたことをしない人は引き算、周りの人がしていないときに関われる人は掛け算、周りの足を引っ張る人は割り算です。ワンチームは掛け算の人間の集まりです。

恐ろしいのは、影響力の大きい、能力の高い選手がチームの批判をし始めたときです。指示に従わない。自分勝手に振る舞うだけならまだしも、「監督よりもおれのほうが正しい」と自分の価値観を周りに押し付けて足を引っ張り始めたらどうでしょう？　仮に大谷翔平選手が割り算になったら？　チームへのダメージは計り知れません。10点満点をもった選手の割り算です。

だから、指導者は割り算の人は引き算に、引き算の人は足し算に、足し算の人は掛け算になるように関わります。さらに10点満点の選手と1点の選手が不満をもつのでは、チームへの悪影響は変わります。10点満点の選手が引き算から足し算に変わるだけでチームにとってはものすごいプラスです。もし掛け算になってくれたら……。

だから、指導者は選手がチームにプラスの影響を与えるように関わると同時に選手の持ち点を少しでも増やせるよう育成するのです。

侍ジャパンでは控えの選手もすごい貢献をしてくれました。たとえば、ダルビッシュ有選手は、今回数字としては結果を残せませんでした。でも、チームに

チームの成果を構成する要素

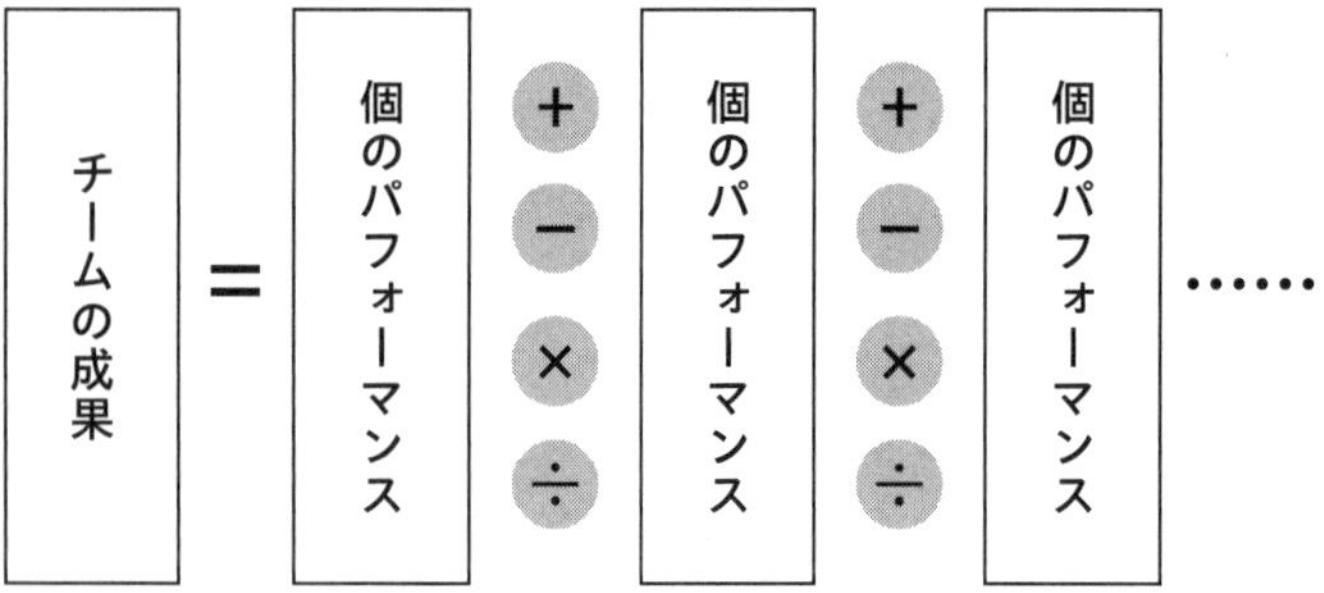

とっては欠かすことはできない存在でした。自分の時間を削ってでも、チームのために、メンバーのためにできることを先頭に立って献身的にやってくれました。

　そもそも来る必要がないキャンプ初日に合流して若手選手に自分の技術や経験を教えたり、食事会を開いてチームの結束力を高めたり、陰ながらダルビッシュ有選手がチームのためにしていることはメディアでも取り上げられていました。

　今回のＷＢＣでダルビッシュ有選手は、自分のもっているものをすべてチームの勝利のために捧げ、世界一のためにすべてを出し切ってくれました。まさにチームの模範となるリーダーシップを発揮してくれました。成績でも当然同じことをしようとしていましたが、思うように調子が上がらず、そのなかでできることを最後までやり通してくれました。

だから、「ダルビッシュさんは影のＭＶＰだ。ダルビッシュさんのようになりたい」と若手選手をはじめ、選手は口を揃えて言いました。

全員がエースで４番のチームはありません。誰でもできることとできないことがあります。選手がチームの求める水準に達していなかったとしたら、今度からそういう人は採用しない。でも招き入れたのですから、その人にも役割を与えていく。

時間の配分は考えます。育成には時間がかかるかもしれません。できない選手より結果を出せる選手に関わることがチームとして優先順位が高ければすぐにします。でも時間がかかることも時間をかけてします。

指導者は選手を預かった身ですから、全員の成長に関わる責任があります。区別はしても差別はしません。

最初は全員に関わっていても、結果が出ない選手からは離れていくコーチがたくさんいます。できない選手、熱量の低い選手、あきらめかけている選手。そういう人のために指導者は存在しているとわたしは考えます。

指導者にとって大事なのは「絶対にあきらめない」というスタンスです。なぜならすべては自分の責任、自分で選んでいることだからです。相手が変わるかどうかはわからない。でも相手ではなく自分の問題として考えたら、指導がぶれなくなります。あきらめなくなります。

もしも、あきらめてしまったら何が起こるでしょう? 「あいつはラクできていいな。おればっかり負担がかかって……。こんなチームはいても仕方ない」

と、結果を出しているメンバーが考え始めるかもしれません。

結果が変わるかどうかはわかりませんし、相手が変わるかどうかもわかりません。でも、自分が伝えられるすべてを伝える。言い方、関わり方、あらゆる方法を学び、実践する。選手の可能性を信じるとは、自身の指導の可能性を信じることなのです。

公平の意味

ラーズ・ヌートバー選手がチームに合流したとき、全員で「たっちゃん」と名前の入ったTシャツを着て歓迎しました。外部から見たら、特別扱いのように感じたかもしれません。

これまでの侍ジャパンは日本国籍の選手だけで構成されていました。今回、外国籍の選手が侍ジャパンに入るのははじめてのことでした。ラーズ・ヌートバー選手は母親が日本国籍のために出場資格を得ていたわけですが、日本語を話せない選手がどうしたらチームに馴染めるのか。どうしたらチームとしても受け入れる体制ができるかを考えたときに、清水雅治コーチがミドルネームのたっちゃんで呼ぼうとアイデアを出してくれました。それからTシャツをつくることになり、ラーズ・ヌートバー選手は問題なくチームの一員となり、その活躍ぶりはご存じのとおりです。

公平にできることはたくさんあります。毎日の挨拶、「元気？　調子はどう？」という問いかけは会った選手全員に当たり前のようにします。

コミュニケーションについては、必要な選手には必要なタイミングで多く取ります。たとえば、ネガティブキャンペーンを張りそうな選手がいたら、全体ミーティングで自分たちのゴールを再確認します。火消しは選手個人ではなく、チーム全体に対しておこないます。選手個人のエゴや価値観でチームの方向性がズレているときには、直接よりも全体にゴールを共有するほうが効果的です。

それは大谷翔平選手であろうが、ダルビッシュ有選手であろうが同じです。どんな選手も特別扱いはしない。必要なときに必要なことをメッセージします。必要でないときはしつこくなるので、関わると逆効果です。順調にいっているときは静かに見守る。放っておいて欲しそうなときも放っておく。ＳＯＳを出しているのに放っておいてはダメです。

ベンチに掲げられたユニフォーム

今回の侍ジャパンでは残念ながら離脱した選手もリーダーシップを発揮してくれました。話題になったのは、試合中ベンチに掲げられた鈴木誠也選手と栗林良吏選手のユニフォームです。これはユニフォームをつくっていたチームスタッフの計らいでした。鈴木誠也選手も栗林良吏選手も出たくて仕方がなかった。そのために準備していたのに出られなくなった。どんな気持ちなのか理解できているよ。一緒に戦おうよという思いです。

栗林良吏選手については一試合も投げることなく、戦線離脱という形になりましたが、ほんとうに立派でした。「自分は一緒にいられないけれど、みんなだったら絶対世界一になれる。現場からは離れるけど、一緒に戦っている」という姿勢を最後まで示してくれました。

いちばん悔しいのは本人だとみんなわかっているわけです。でも、そういう雰囲気を一切出さず、それはもう自分の責任で、今自分がいちばん望んでいるのはみんなの世界一であるとチームを鼓舞しながら去って行きました。そこまで信じ切ってくれたら、一緒に戦っている仲間は心を打たれます。

イタリアとの準々決勝からは、栗林良吏選手の代わりに山崎颯一郎選手が加入しました。そのときには、世界一に向かって一致団結していたし、みんな受け入れ体制だったので、歓迎する雰囲気は出来上がっていました。

本人がすぐに馴染めたかどうか、内心どんな気持ちだったかは検証できないし、どちらでもいい話なのです。

多くの人が、新しい人が馴染めるかとか、相手がどう感じているかにこだわります。でも、相手の思考や感情はコントロールできません。自分なりに最善は尽くすけれども、決めるのは相手です。

自分はリーダーとして理想の組織を全力でつくるけれども、全員が同じマインドになるかどうかはわかりません。それは相手が決めることです。

自分はゴールに向かって毎日過ごすだけです。相手がどうであれ、関わり続けるだけです。自分ができることに焦点を合わせて発信するだけです。それをどう受け止めて、どう行動するかは相手が決めることです。だから、相手の発信や行動はもう受け止めるだけです。そこで戦ってしまうと、「あんなやつはダメだ」となってしまいます。それはひどく消耗します。つまりは他責です。「おれはちゃんとやってるのに、お前はちゃんとやらない。だから、お前がダメなんだ」という思考の裏返しです。悪いのはお前だから、おれは一切やり方を変えないという自己成長の放棄です。

自責であれば、「自分にできることを全部やって、相手が変わる変わらないにかかわらず、起こったことは自分が関わったことによる結果で自分の責任だ。過去は変えられないので仕方がない。最善を尽くしたけど、うまくいかないときもあるし、実力が至らなかったんだ」で終わりです。相手を責めないように自分も責めない。

「きみが三振したのは、わたしが指導した結果だから、わたしの三振なんだ。わたしの責任なんだ」と言えば人間関係は絶対に壊れません。「もう三振なんて悔しい思いを選手にさせたくない。どんな指導をしたらいいんだろう？」と、自己成長にもつながっていくのです。

だから、自責はよりよい人間関係と自己成長しかありません。他責は人間関係を壊し、自己成長を止めます。どちらを選びますか？

真の心理的安全性とは何か？

チームビルディングにおいて、メンバーが自由闊達に意見したり、質問できるように、心理的安全性や安心安全空間が大切だと言われます。

しかし、わたしはこの心理的安全性という言葉が独り歩きして使われてしまっているように感じます。

チームにとっていちばんの安心安全は、チーム全員がゴールに向かっていて、横の人も前の人も後ろの人もみんながひとつの方向に脇目も振らずに向かっていることです。「すごいな。自分にもっとできることはないかな？　こんなことがチームのためになるんじゃないかな？」と思えるような心理状態です。

全員がゴールに焦点を合わせているから、遠慮はありません。厳しいことでも言い合えます。なぜなら、今、自分たちは一丸となってゴールに向かっているという安心感が前提としてあるからです。

ところが、心理的安全性の話になったときに、お互いの自尊心を傷つけないよう、遠慮をして本音を言わない。表面的にほめたり、厳しいことを言わない組織になりがちです。心理的安全性があるとは決して和気あいあいとすることではありません。

また、心理的安全性がないとは、指導者に萎縮してメンバーが口を閉ざすような抑圧的な空気感が漂っている組織だけというわけでもありません。

全員でゴールへ向かおうと決めたのに、手を抜いている人がいたら、ほかのメンバーはモヤモヤします。その空間に心理的安全性はありません。

あるいは叱責をしたり、威圧するような上司はいないけれども、みんな前向きに意見を述べているなかで、「これを言ったらどう思われるだろう?」なんて思うメンバーが一人でもいたら、その空間も心理的安全性はゼロです。メンバーが自分の意見が採用されるかどうか、自分にベクトルが向いている組織に安心安全なんて担保されていません。

安心安全空間をテクニカルに捉えると、問題の核心に触れず、当たり障りのない関係で物事を進める組織文化になりがちです。

全員がゴールに向かって進んでいるときほど、幸せな空間はありません。侍ジャパンの選手が口々に「1日でも長くこのメンバーで一緒にやりたい」と言っていたのは本心です。ほんとうに毎日が楽しくて楽しくて仕方がないという空気だったのです。

個性的な大の大人たちが、少年野球を思い出したかのようにそう実感できたのは、まさに最高の心理的な安全性が確保されていたチームであったからでしょう。

ゴールに向かって全員が役割責任を全うしようとしてリーダーシップを発揮している。自分も隣もみんながゴールだけをめざして全力を尽くしている。「みんなすごいな。自分ももっとやらないと」というマインドになる。こんなに安心安全で幸せな空間はありません。


これは個人が主義主張を振りかざす組織とは違います。多様性や個性の時代と言われますが、ゴールを外してしまうと組織は動きません。自分の強みをどうやったらゴールに向けて発揮できるのか？　このチームのゴールのために自分は何ができるのかを考える。その前提がメンバーにあって、はじめて個人の意見、アイデアを受け入れるのです。

ゴールを達成するための方法は無数に考えられます。アイデアは千差万別です。でも、どれが正解かはやってみないとわかりません。

だから、ゴールを外して各々が主義主張だけをしていると、ただの迷走になります。組織にとっていちばん大事なのは、ゴールの共有と役割責任を全うすることです。

では、メンバーの役割とはなんでしょうか？　ゴールに向かってできることとはなんでしょうか？　チームのために正直に意見を言うことです。そして決まったら絶対にやり切るということです。

牧秀悟選手は2本塁打と好調ながら、1次リーグの最終戦オーストラリアとの戦いでは控えスタートでした。しかし、試合前のチーム円陣で今回の侍ジャパンを象徴するようなメッセージをしました。

「こんな最高のメンバーでやるのはあと4試合しかないです。お疲れ様です。昨日はナイスゲームでした。しかし、やっぱり今日勝たな意味ないっす。いい感じで勝ってきて今日勝って次につないでいきましょう。そのためにまず今日、スタートの人たち存分に暴れて来てください。後から行く人たち、もう準備できてます。はい。いつでも大丈夫です。はい。なので今日全員で勝って、見てください隣、こんな最高のメンバーでやるのはあと4試合しかないです。行きましょう。今日、絶対勝ちますよ。いいですか、行きましょう。さぁ、行こう！」

今回の侍ジャパンでも牧秀悟選手は試合に出る出ないにかかわらず、チームの勝利のために最大限のリーダーシップを発揮してくれました。

この最高の仲間たちでもっと野球がしたい。勝ちたい。だから、いつでも試合に出られるように準備をしておく。出場する選手に大いに活躍してもらえるようベンチを盛り上げ、勇気づける。まさにワンチームとなって戦い抜くためのお手本のようなリーダーシップであり、だからこそ、先発ではない試合でも円陣での声がけという大役を任されたのです。

なぜ会議で意見が出ないのか？

そもそもなぜ会議があるのか？

正解がないからです。この方法をとれば100パーセント成功する。クライアントが満足する。売り上げが上がるというものがわかっていたら、それを伝えるだけで完結します。でも答えがないから、みんなでアイデアや意見を言い合うわけです。正解を探すときに、いろんな見方でいろんな意見があったほうがより効果的な判断ができるので会議が開かれるのです。

それなのに、何か発言すると、「もっとまともな意見を言えよ」「そんなのうまくいくわけないだろ」と否定される。これではメンバーは何も言わないほうがいいと考えて当然です。

頭ごなしに否定はしなくても、「それは違うな」「わかってないな」という考えが態度や言葉の端々に出ていないでしょうか？

指導者のスタンスとは、どんな内容であれ、「意見を言ってくれてありがとう」です。5人の参加者がいたとして、5人それぞれの考え方、アイデアは違います。

そして、みんなで議論しながら答えを見つけ出していくのですから、どんな意見でも、「誰も考えていなかった発想を出してくれてありがとう」と感謝するものです。

「いいね。あー、そうなんだ。そんなこと考えたこともなかった」
「そういう考え方もあるかもしれないよね」
「まったく違う見方で面白いな」

手を叩いて相手の意見を聞くような場なら、全員の考えをテーブルの上に乗せられるのに、多くの会議ではテーブルに乗せた途端に「それはダメ！」と外されてしまいます。誰だって自分の意見が外されるんだったら、乗せないほうがいいと考えます。

まずは全員の意見をテーブルの上に乗せる。そこから「今日は何がいちばんいいかな？　何からやっていく？」と、みんなで決めていく。取捨選択していくわけですが、乗せてくれた意見はすべて財産でしかありません。

今回のＷＢＣでも、打撃不振だった村上宗隆選手を外す話が出ました。栗山監督は「言いづらいことだったたと思うけど、正直に言ってくれてありがとう。チームのことを考えてくれてありがとう」とコーチ陣に感謝の言葉を述べました。言ってくれたことに感謝されたら、意見した側は救われます。そのうえで栗山監督はこんなふうに答えました。

「去年三冠王を取った選手が、代表チームのなかで苦しむことが真の成長になるんだ。ほかではこんな苦しみはないんだから、彼には大いに苦しんで乗り越えてほしい。彼が成長するためには、ここを乗り越えることが必要なんだ。長い目で見たときの彼の成長だけじゃない。必ず大事な場面で彼は大仕事をするんだ。だから、使わせてくれ」

ここまで言われたら、コーチからすれば「監督に任せましょう」となるわけです。もし、あの場面で「おれが決めることなんだから、余計なことを言うな」というコミュニケーションを取られたら、コーチ陣はその後、みんなで口を閉ざしたでしょう。

これは会社の報連相も同じです。

「言いづらかったと思うけど、いち早く報告してくれて感謝してるよ。これですぐに対応できる。いつも報告してくれって言ってるけど、ほんとうに勇気をもって報告してくれてありがとう。今回のことは残念だけど、今後のことは、またこれから一緒に考えようじゃないか」

こういう感謝をしてくれる人のところには、また報告が、連絡が、相談がきます。指導者の多くは「報告をしろ！」と常日頃から言っているのに、悪い報告に行ったら「なんでそんなことになったんだ！」と言い始めるわけです。それなら部下は、報告に行かないほうがいいと思って当然です。相談なんかできるはずがありません。

栗山監督の「信じて、任せて、感謝する」はすべてのことに関してです。だから、安心安全空間が生まれるわけです。

みんなで決めたことが100点

いまは答えのない時代です。一人では見つからないし、ひとつではないかもしれないから、個性を活かして、全員のアイデア、考え、思いをテーブルの上に乗せて答えを探しましょうというのが会議です。

だから、その場の全員が参加しなければ会議ではありません。参加していないのと同じです。まずは「全員が考えを出してくれてありがとう。テーブルの上に乗せてくれてありがとう」から答え探しがスタートします。


集めた意見のなかからどうやって100点の答えを導いていくのでしょうか？


100点の答えがあるとしたら、意見をすべてテーブルに乗せて、みんなで議論して決まったことです。決まったことは100点が大前提になります。

「これは決まったことだから、みんなでやろう」

そうやって同じ方向を向くとうまくいく可能性も高いし、成功しなかったとしても、何が原因だったのかがよく見えます。それは次への学びです。

しかし、コミットメントがバラバラだったらうまくいかない可能性も高いし、失敗したときに何が原因だったのかよくわかりません。

100点の答えは、みんなで考えて、みんなで決めたこと。この大前提があるから、みんなが会議で決定したことに対して積極的に行動していくわけです。うまくいかなかったら、「残念だったね。悔しいよね。これはうまくいかなかったんだ。じゃあ、どうしようか？」とまた会議をしたらいいのです。大事なことはみんなが自信をもって積極的に行動していくことです。

どんな結果が出たとしても、みんなで決めてみんなでやったことですから、確かにゴールには到達できなかったかもしれませんが、できていることを認めて「ここまでは前進できているじゃないか。次やろうよ。さあ、何やろう？　またテーブルの上に乗せてみよう。何をするか決めよう」というサイクルで回る会議ならみんな大好きになります。

これは組織が決めた会議だけではなく、個人でも有効です。

「ちょっと、この案件うまくいかないんだけど、みんな知恵を貸してくれる？」

こんなふうに仕事で行き詰まったら、部署のみんなに声をかける。

「おぉ、任せといて！　30分だけなら時間取れるから。よし、みんなで会議室行こうか」

その30分でテーブルの上に意見をブワーっと並べてみる。

「おーすごいね、みんなありがとう」

「どれにしようか？」

「じゃ、これやってみるよ」

そして、結果が出たら、「この前の会議で決めたことでうまくいったよ」と報告する。あっという間に組織になっていきます。会議ひとつとっても、関わり方しだいでまったく違うことが起きるわけです。

大谷翔平はなぜ世界一になっても燃え尽きないのか？

チームビルディングとはチームのマインドをつくることです。選手のマインドにアプローチするのはメンタルコーチングです。わたしはチームと選手のマインドそれぞれをいつも意識して関わっています。

チームマインドをいくら醸成しても、最後は個々人の選手がどれだけ主体的に取り組めるかに達成はかかっています。ゴールに到達しようとする際、大事なのはやはり選手のマインドです。どこをめざしているのか？　そのために何をするのか？　今していることは効果的か？

人間ですから、怠惰になることもあれば、感情的に他人に当たってしまうこともあります。

そんなときでも、どんな成果、結果を出したいのか？　そのために何をしたらいいのか？　選手はすべて自分の中で意思決定していくわけです。ゴールに向かっているかどうか。自分がどういうスタンスで生きていくのか。選手一人ひとりの在り方がチームとしてめざすところに向かっているといい関係が築けて、いい結果が生まれます。

では、選手はどういうマインドになればいいのか？　ホームランを打ちたい。完封したい。みんな結果を出すためにがんばるのですが、結果だけを見ていると達成した瞬間に「もういいや」と燃え尽きてしまいます。結果は出たけどいまいち満足感がなくなります。たとえ世界一になったとしても同じです。世界一なれたのはうれしい。でも、なんのために世界一になったのかわからない……。

大谷翔平選手がメジャーリーグでMVPを取っても、WBCで世界一になっても手綱をゆるめずに走り続けているのはどうしてでしょうか？

世界一の選手の定義が、世界一の結果を残すことではないからです。世界一愛される。世界一応援される。野球を通して世界一プラスの影響を与えられる選手をイメージしているからです。大谷翔平選手は目的達成型なので、目標を達成しても油断しないし、燃え尽きないし、反対に結果が出なくてもぶれません。世界一プラスの影響力がある野球選手とは、うまくいかないときにどんな考えや行動をするのだろう？　落ち込むのだろうか？　ふてくされるのだろうか？　できることに焦点を合わせて、次に向かっていく人が愛され、応援される選手ではないか？　ここはマインドの部分です。

目標しか見ていないと、「とにかく数字を上げてこい」という疲弊する組織になってしまいます。目的を掲げると組織は長期的に繁栄し、メンバーも伸びていきます。企業で言えば、志や経営理念と言われるものです。

大谷翔平選手は目的達成型なので、目標は通過点にすぎない。いつでも達成できるものとして取り組むから、前人未到の記録を達成し続けながら、年々更新していこうと燃え尽きることなく行動していきます。

GOOD WINNER GOOD LOSER

世の中にグッドルーザーは山ほどいます。負けても相手を称えるチームはたくさんいます。反面、勝者は歓喜に浸って、相手のことを忘れてしまいがちです。

切手を貼って
投函ください

郵便はがき

141-0031

東京都品川区西五反田
2−19−2 荒久ビル4F

アチーブメント出版(株)
ご愛読者カード係 行

お名前《なまえ》		
ご住所	(〒 -) 都道府県	
	市区町村	
建物名	号室	ご職業

アンケートにご協力いただいた方の中から抽選で
毎月5名様に500円分の図書カードをプレゼントいたします
＊ご記入いただいた個人情報は賞品の発送以外には使用いたしません

お買上 書店名	書店　　　　　　　　　　　店
ご年齢　　　　　　　　　歳	性別　男 ・ 女 ・ 回答しない ・ その他

●本のタイトル

●本のことを何で知りましたか？

□新聞広告（　　　　　　新聞）　□メディア（媒体：　　　　　）

□電車広告（　　　　　　線）　□SNS（どなたの：　　　　　）

□書店で見て　□人にすすめられて

□その他（　　　　　　　　）

●本書の内容や装丁についてのご意見、ご感想をお書きください

●興味がある、もっと知りたい事柄、分野、人を教えてください

●最近読んで良かったと思われる本があれば教えてください

本のタイトル

著者

ご協力ありがとうございました

侍ジャパンの目標は世界一でした。目的は世界一観ている人たちに感動を与えられるようなプレーをすること。そのために意識して全力でやれることをやっていこう。凡事徹底していこうと決めていました。

そうやってスタートしたものの初戦の中国戦からつまずきました。四球でランナーがたまるものの、3回まで2安打に抑えられました。4回に大谷翔平選手の二塁打で2点を先制したものの、追加点が入らず、7回まで2点差のシーソーゲームでした。

チェコ戦でも初回から佐々木朗希選手の球を捉えられて先制され、3回までリードを許しました。このとき、アマチュアの選手がどうしてあんなに打てるのか、全員がざわついている雰囲気がありました。

ウサギと亀の話ではありませんが、強いから必ず勝てるわけではありません。

ウサギがなぜ負けたのか？　亀を見て、亀が遅いと油断して休んだからです。しかし、亀はゴールしか見ていませんでした。亀は相手がライオンでもトラでも関係なかったでしょう。もし相手がライオンだったら、ウサギはそもそもスタートラインにも来ていなかったでしょう。

中国やチェコは亀で、私たちはウサギになっていました。戦いとは相手を負かそうとする行為ではありません。自分がゴールに向かってできることを全力で凡事徹底することなのです。

中国の選手もチェコの選手も必死に食らいついてきているからバットにボールが当たるのです。デッドボールを受けてもすぐに立ち上がって、戦おうとしている。走っている。そこで自分たちに足りないものを教えてもらいました。

これまで全力全力と言いながら、中国やチェコを見ていなかっただろうか？

全力とは相手ではなく、自分たちのできることをすることではないだろうか？

これに気づかせてもらったからこそ、整列して感謝を伝えたあと、チェコの選手を拍手で称えたのです。試合には勝ったけれども、心の底から感謝を示して頭を下げました。

侍とは、そもそも命のやり取りをする仕事です。相手を切り殺して、ガッツポーズなんてしません。剣道でも一本が取り消しになります。

今日はたまたま自分が生き残ったけれど、明日は我が身なのです。そうやって命を懸けて相手に向かっていったのが侍です。

優勝した瞬間は歓喜しても、アメリカチームにメダルが授与されるときには全員で拍手を送ります。感動しているのは私たちだからです。「あなたたちがいたからこそ、こんな試合ができた。ありがとう」と相手を尊重し、健闘を称えるのが侍ジャパン、グッドウィーナーなのです。

チャンピオンになる前から チャンピオンになる

チームビルディングもコーチングもテクニックが取り沙汰されますが、わたしは20年前からすべて在り方に集約されると一貫して伝えてきました。どういうマインドセットなのか、思考なのか。頂点に立つチームは、頂点に立つマインドをつくり上げていきます。

チャンピオンはチャンピオンになってからチャンピオンらしくなるのではなく、チャンピオンになる前からすでにチャンピオンなのです。

頂点に辿り着く前から、チャンピオンらしい考え方をしています。だから、チャンピオンらしい振る舞いをしていますし、チャンピオンらしい取り組みをします。結果、ほんとうにチャンピオンになっていきます。

最強のチームになるためには、最高のチームにならなければなりません。戦う前からすでに世界一のチームワークがあった。選手一人ひとりが世界一のチームにふさわしいマインドで一切手を抜いていなかった。そういうチームづくりをしたことで、結果的に頂点に到達できたのです。最強のチーム（優勝）というのは結果で、最高のチームというのは目的です。目的達成型の組織があったから、目標が達成できました。

侍ジャパンのメンバー全員が最高のチームを目的にしていたから、安心安全空間ができて、信頼が生まれて、「すごいね。お前もやっているね。おれももっとできるよ」という空気が醸成されていきました。結果、競合国を次々と打ち倒し、気がついたら世界一に到達していました。

世界一のマインドをもっていて、世界一にふさわしい取り組みをしているから、結果的に世界一になれる。これはどんな分野でも共通だと思います。

私自身も野球では世界一になりました。次は80歳をひとつの尺度として、講師としての世界一をめざして、体力づくりも学びによるインプットもしています。

侍ジャパンがWBCを制して以来、「どうしたら世界一になれるのか？」と、各方面で聞かれました。世界一になりたければ、まず先に世界一の取り組みをするチームをつくるのです。エベレストに登れるのはエベレストをめざした人だけです。

エベレストに登るためにはいくらかかるのか？　どんな装備が必要なのか？

どんな人の協力を得る必要があるのか？　どれくらいの体力が必要なのか？

今はまだ何者ではなくても、登ると決めた人だけがエベレストを登るために必要な準備ができて、登り切れるだけのトレーニング、マインド、お金、技術すべてをつくり上げていって、登頂した瞬間に「やっぱり登れたね」となるわけです。

だから、決断したとき、すでに勝利は決まっています。世界一は戦う前から、世界一なのです。

第4章
最高の指導者には
誰でも今すぐなれる

ヘッドコーチの役割

ヘッドコーチに求められている役割。会社で言えば、ナンバー2の役割は明確です。トップは決断する人。我々にできることは、トップが決断するための判断材料をテーブルの上に乗せることです。

たとえば、6人のコーチがいたら、それぞれのアイデア、思いを全部乗せ切らせることがわたしの役割と責任です。

自分が挙げたものが採用されるかどうかはどちらでもいいのです。最善だと思っているけれども、監督が決断したことに対して100パーセントコミットして、その方向にエネルギーを注いでいく。これだけです。どんな結果が出ても、監督の選択・決断を受け入れるだけです。コーチと監督では基準が違うわけですから、自分の役割に徹すれば、意見が採用されなくても心は折れません。

アイデアを出しているのは選択肢を増やすためです。それなのに「おれの言ったとおりにしたほうがうまくいったのに」「あんな判断をするからこんな結果になるんだ」「監督の言うことはちょっと理解できないから、適当にやりますわ」なんて言ったらどうなるでしょうか？

「彼は自分の意見が通らないと、すぐにやる気をなくす」「結果が出ないとすぐに批判する」と監督に思われるどころか、「たまには意見を取り入れてやろうか」と忖度が入ってしまいます。これはチームとして最悪です。まったくゴールに向かった効果的な行動ではないし、信頼も何も生みません。

「彼はどんなことでもチームのために正直に言うし、決まったら絶対にやり切る。どんな結果が出ても、それはみんなでやったことなんだと一切の批判はしない」。そう思われたら、監督はなんの忖度もなく選べます。コーチ陣も信頼されます。チームとしてエネルギーが生まれます。そういう環境をつくることがヘッドコーチとしての役割でした。

多くの組織では、メンバーそれぞれがアイデアを挙げることが役割なのに、自分の意見が通るかどうかに焦点が当たってしまっています。そのスタンスでは、いつまでも組織の一員としての役割責任を果たせません。考えをテーブルの上に乗せて、トップが決断したことを実行することが役割であるとわかっていないと、決まったことにメンバー一人ひとりが１００％のコミットをして実行する組織になりません。

「世界一になるためにみんながそれぞれのもつ能力を１００％発揮しよう。そのためには意識してできることをやり切るんだ。たとえば、ボテボテのゴロでも１

塁まで全力疾走する。その姿は相手の守備にもプレッシャーを与えるし、ファンの皆さんにも感動を与える。できることを全力ですることが結果的に世界一につながる」

こういったメッセージを発信していきました。どうやったら相手を打ち取ることができるのか？　どうしたらヒットを打てるのか？　みんな結果を出すことを一生懸命考えます。しかし、できることを一生懸命やったほうが結果につながりやすいのです。

選手にもそれを求めているように、我々コーチ陣も一生懸命、忌憚のない意見を乗せる。決まったことを実行する。多くの組織では、相手がどう思うか、批判されたら嫌だといった感情が先行して本音で意見を言おうとしません。そして、決まったことに対して、「あれじゃうまくいかないよ」と批判します。それは組織の一員でないと言っているのに等しいです。

やる気を失ったメンバーに関わる

意見を出した結果、揉めたって全然いいのです。意見の違いはあって当然です。言いたいことを言えずに不満を溜め込むことのほうが問題です。

組織には決めるべき役割の人がいますから、決断はトップの仕事です。もしトップの決めたことに納得がいかず、全力で取り組めないメンバーがいても、誰がどんなことを思うかは自分のコントロール外です。受け入れるしかありません。組織の人事は自分の力のおよぶところではないわけですから。コントロールできないことは一切コントロールしない。

組織がバラバラだと結果が伴わないかもしれません。それでも「やることやったよね、うん、でも結果は残念だったよね。次はどうやったら結果が出る?」とセルフコーチングをして、ゴールに焦点を合わせて、また自分のやるべきことを淡々とおこなっていけばいいのです。

セルフコーチングの例

「今起きていることは自分でコントロールできる？」

「できないよね。今どんな気持ち？」

「うん、こんな気持ちだよね。じゃあこれを変えられる？　消せる？」

「なくせないよね。じゃあできることって何？　そもそもどこをめざしているの？　どんな状況・状態になったらいいの？」

「どういう自分でありたい？　どういう指導者でありたい？」

「理想の自分になりたいとしたら、目の前の事象をどう捉える？」

「望むゴールに行くために、今回学んだことって何？　次に活かせることって何？　自分の強みって何？」

「どうやったら、そこに行けるかな？」

こうやって問いかけていくことで「なんだかこれならうまくいきそうかも……」「今すぐやりたくなってきた」という気持ちが醸成されていきます。

ここに挙げたセルフコーチングは一例です。人間なのでその場の感情や思考は違います。理想のゴールを意識したほうが前へ進めるのか。今の気持ちを受け入れたほうがいいのか。現実と理想のギャップに焦点を当てて方法を考えたほうがいいのか。その時々で変わります。

よくコーチングでは「ゴールは何？ 現状とのギャップは？ どうしたらそれを埋められる？ 資源は？ じゃあ、いつからそれを始める？」というアプローチを取りますが、セルフコーチングで問いかける言葉は定型文ではなく、組織としてなぜ成果が出ないかの構造を理解したうえで変えていきます。

状況や環境に不満があっても、変えられるのは自分の行動だけです。考え方だけです。

「今の組織、上司、決定事項、自分の役割。与えられた環境のなかでできることは何か?」。

問題解決に焦点を合わせれば、やらされている感はないはずです。

なぜならいちばんのストレスはゴールに向かっていないことだからです。いちばんのショックはゴールに辿り着けないこと。いつまでもコントロールできないことにストレスを感じて、感情をもっていかれるよりもゴールから遠ざかるほうがダメージは大きいわけです。

「今起きているショックはゴールしたときにすべて解決される。それならゴールに向かって行こうよ。どうやったら行けるの?」

こうやって自分を説きほぐしながら、ゴールの価値を考え、今起きていることをどう捉えるのが自分らしいかを考えます。それらはすべて自分で決められることです。

指導する立場ではなくても同様です。

「どんな状態が理想か、どんな成果を出したいのか。そもそも何を目的に今の仕事に取り組んでいるのか？　目的目標は？　価値は？」

多くの人は「今、こういう状態だからダメなんだ」となるわけです。

「今そんな感じなんだ。でもあそこへ行きたいと思ってるんだ。そもそも何からだったらできるかな？　強みってなんだった？」と今を受け入れながら、未来に向かってどうしたいかを考えていくと、価値を生む方向に向かっていったほうがいいということになります。

そもそも仕事をがんばりたくない。できるだけラクをして、給料がもらえたらいいという人もいるでしょう。でも、仕事をしていてうれしいこととか楽しかったことはあるはずです。どんな人でもその仕事を続けているかぎり、やりがいを感じた瞬間はあります。


たとえば、高校生を指導するとしたら、「将来どうなりたいの?」と聞いても「そんなの考えたこともない。別にどうでもいい」といった感じです。

「そうなんだ。やりたいことはないんだね。ちょっと聞いてもいい? 部活か何かやってるの?」

「やってない」

「やってないんだ。いつも学校からまっすぐ家に帰ってるの?」

「そんなこともないよ」

「帰ってないときは何かやってるの?」

「あー、バイトやってるよ」

「バイトやってるんだ」

「コンビニのバイトやってんだ」

「えー、どれくらいやってるの?」

「半年くらい」

「結構続いてるじゃん。すごいね。なんかそれだけ続いてるとやっててよかったなと思う時ってある?」

「みんないい人だから。自分に対して『がんばってるな』とか『ありがとう』とか言ってくれるから続けてるようなもんかな」

「働きぶりを認められたり、感謝されるとうれしいんだね」


このようになんとなくアルバイトの続いている理由に気づいていきます。仕事も同じです。

「そこそこでいい」「どうでもいい」と思う時期はあるかもしれません。こうなりたいが明確にならなくても、「仕事のなかでこんなことがたくさん起きたらいいな」というものは誰だってもっています。

見えていないだけ、気づいていないだけでほんとうの願望に気づくきっかけをつくっていくのが指導者の関わりです。

どうしたらもっと生き生きと働いてもらえるか？　みんなでゴールに向かっていけるか？　それを考えるのが組織の長の仕事です。全員がゴールに向かっているから、みんな安心して働けます。だから、やる気がなくても、周りから信頼されたい、よい関係を築きたいと誰もが思っているはずです。


相手の願望を知らないから、指導者の言葉が伝わらないのです。コミュニケーションのギャップは一方通行や思い込みから起こります。指導者は自分が伝えたいことだけを伝えてしまいがちです。

「わかった？」

「はい、わかりました」

では、ほんとうに理解しているかはわかりません。相手が何を求めているのか？　どうなりたいのか？　何をめざしているのか？　答えは相手の中にあります。相手の願望を叶える支援をするのが指導者です。

価値質問

相手の能力を見て、任せると言いました。任せた以上、あれこれ口出しはしませんが、進捗状況は確認します。それでも合意したことが守られなかったり、見積もった時間が甘く期限に間に合わなかったり、現場ではさまざまなことが起こります。

このときに「どうしたらできる？」と達成の方法に焦点を合わせると、「やらなきゃいけない」「がんばらなきゃいけない」になって努力に価値を見出すことが難しくなってきます。

わたしはよく価値質問をします。
「これを実現したら何が起こる？　あなたは組織からどんな評価をされる？　組織にどんなプラスの影響がある？」
本人が自分事としてもらえるように、価値をどんどん乗せていきます。任せるからには責任、価値を理解してもらうのが指導者の役割です。

がんばるのは手段です。価値を手にするためにがんばるのです。本人が「それならやる価値がある。絶対に達成してやる！」と思えるように関わります。

指導者から見ると、何をどうすればいいか、よく見えているケースはたくさんあるでしょう。選手だって結果を欲しています。だから指導者は「このとおりやれば間違いないから」と自分の方法をやらせることにこだわります。

どんな指導であっても最終的に取り入れるかどうかの権利は選手のものです。だから、選手がアドバイスに従わないと指導者は「なんで言われたとおりにやらないんだ」と不満をもち、選手が失敗すると、「だから言ったじゃないか」と責任を選手に押し付けます。


最終的な責任はすべて指導者がとるものです。「おれの言うとおりにするなら、責任をとってやる」では選手は力を発揮できません。

本人が自分事として捉えられるように関わることしか指導者にはできません。どんなに正しい方法を知っていたとしても、やるかどうかを決めるのは選手です。相手が行動を変えるかどうかはわからない。本人がやらないことを選択するなら「あなたの言うことは受け入れられないと言われているんだな。自分の言葉は響かなかったんだな。どうすれば正しい選択ができるような指導ができるだろう?」と自分の指導を振り返り、改めるだけです。

責任は指導者の側にあると考えたほうがラクなのです。「最善は尽くした。全力で関わった。指導した。でも結果が出なかったのは仕方がない。次はどうしたらいいだろう」と、自分を責めることがなくなります。

自分の責任だと思ったら、「あいつはおれの言うことがなんでわからないんだ」と相手を責めることはなくなります。

メンバーがノルマのような強制感を感じている

多くの人は、できる範囲で貢献したいと思っているし、できる限り組織の役に立ちたいと思っています。ただ、通常業務で手一杯のところに新しい仕事をどんどん振られたり、会社から高い目標を掲げられたり、自分がいっぱいいっぱいのときに、「これをすることに価値がある。意味がある」といくら言われても聞く耳をもてないと思います。

しかし、指導者としては目標を下げることはできないし、理不尽だと思っても、苦手なことだったとしても、メンバーにはがんばってもらわないといけない場面はあります。

「こういう目標を組織として達成しなくてはいけないんだけど、きみができそうなことってある？　何からだったらできそうかな？　それ、ちょっと話を聞かせてくれるかな」
「忙しすぎてそれどころじゃありません」
「そうか。じゃあ、せっかく会社としてゴールに向かって行ってるんだから、これだったらできるっていうものをちょっと探してもらえるかな。そんなに急がないし、これだと思えるものがあったら教えてくれる」

その場では結論を出しません。深追いすると相手はますます被害者になっていきます。それもゴールを見ているかどうかなのです。急ぐことがゴールに行くことなのか、時間を置くことがゴールなのか。

MITの元教授ダニエル・キム博士は成功循環モデルで同じことを言っていま

成功循環モデル

グッドサイクル（好循環）

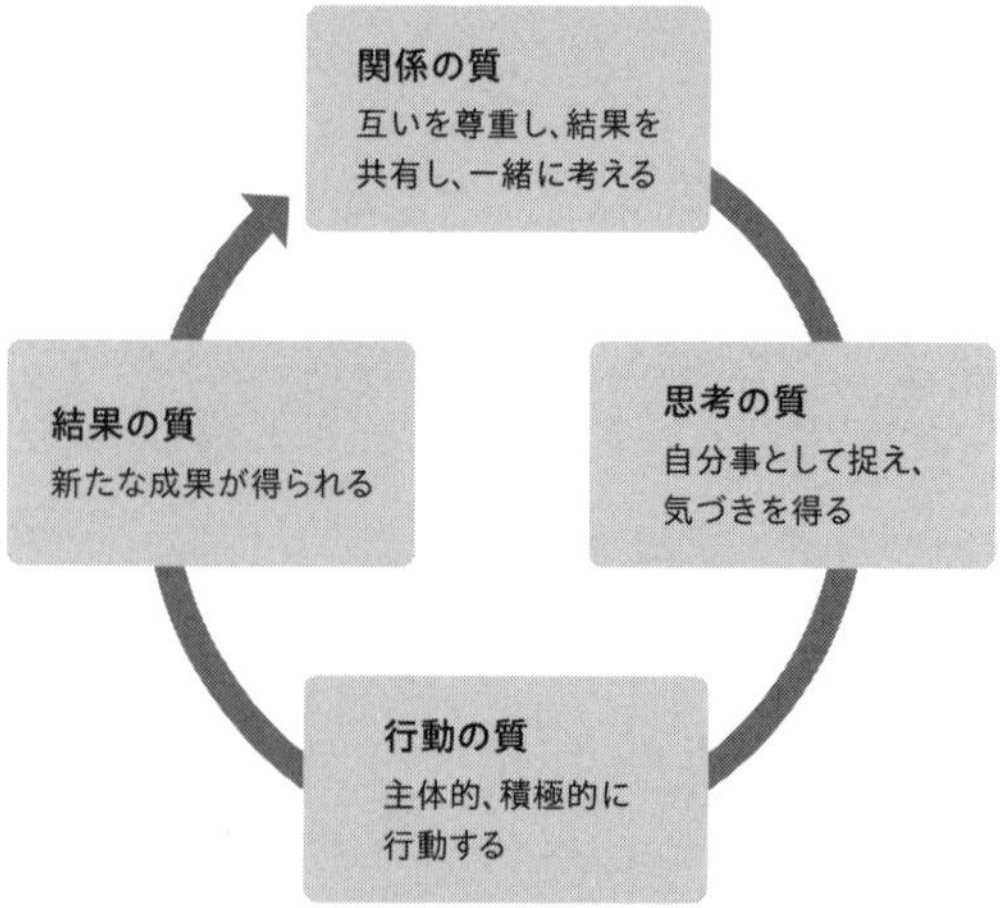

バッドサイクル（悪循環）

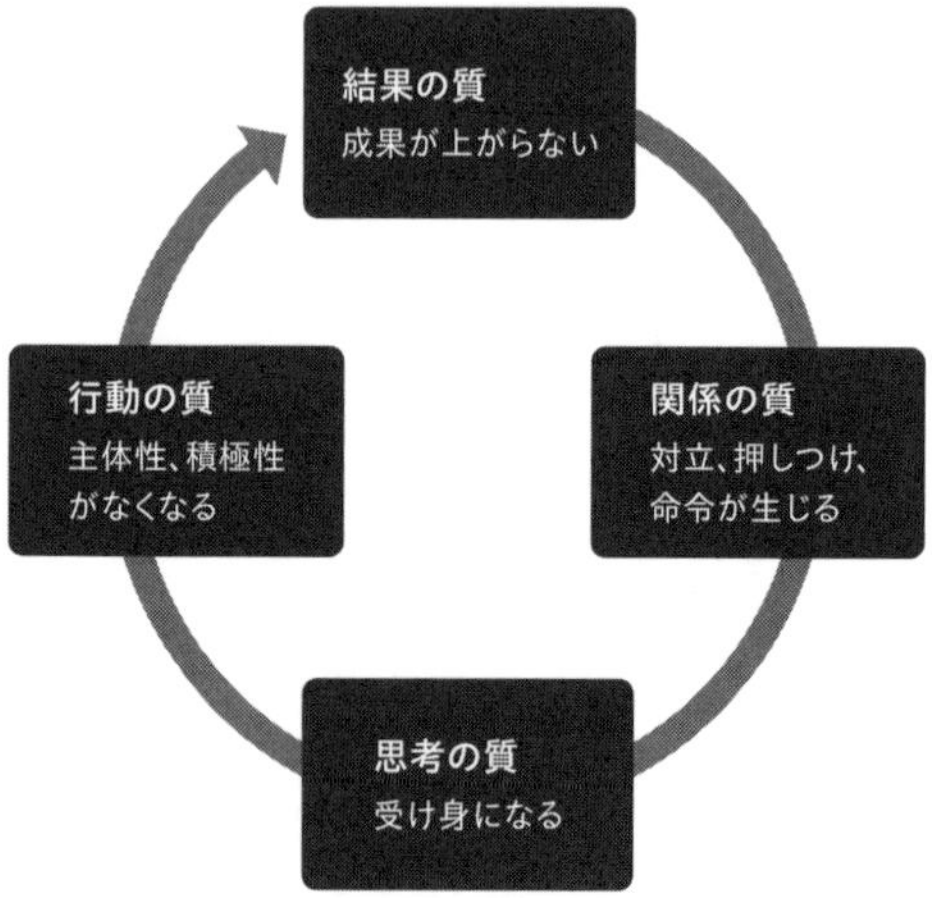

す。ここではグッドサイクル、バッドサイクルという概念が提唱されています。結果に焦点を合わせると関係の質が悪化する。すると思考の質が下がり、思考の質が下がると行動の質が下がって、結果の質が下がる。目標しか見ていない組織ではこれが起きます。

人間関係というのは目的ですから、結果が悪くてもよくすることはできます。失敗を誰かの責任にするのではなく、チームとして起きたことだと全員が自分事として受け入れるだけです。

そして、「こういうところはよかった。ここはできた。ただ、結果は出なかった。じゃあ、どうやったら結果が出るのかな？　みんなで一緒に考えよう」と、テーブルの上に意見を乗せていく。いっぱいになったアイデアのなかから「何からやる？」「誰からやる？」と決めていくから、みんなが自分事として捉えて「わたしはこれをします」「ぼくにはこれができます」となっていきます。自分事だから行動の質が上がり、結果の質がよくなります。

セルフメンタリングもまったく同じです。起きてしまったことをどう捉えて、自分との関係をよくして、ゴールへ向かっていくために何ができるのかを考え、行動していく。結果が伴わなくても、メンタルを壊すことはなくなります。

伸びる伸びないは指導で決まる

「長いプロ野球生活のなかで伸びる選手にはどんな特徴がありましたか?」

コーチ陣を集めて話し合ってもらうと、みんな同じような答えが出てきました。

「目標が明確でチームの目標を自分の目標と重ねている」

「言われたことを鵜呑みにせず、自分で成長のために必要なことを考え、実践している」

「決してあきらめない。信念をもって練習に全力で取り組んでいる」


これはビジネスの世界でも同じではないでしょうか？　うまくいく人はうまくいく考え方をもっているのです。

「では指示命令型の猛練習でこういう選手がたくさん出てきましたか？　目標が明確になったり、やる気になりましたか？」

続けてこう問いかけると、コーチ陣全員が否定します。叱られて、怒られて、やる気に満ち溢れる人、主体的に取り組める人、自発性が生まれる人なんていないのです。

だから、指導者のスタンスは、選手がやる気になるように関わる。これしかありません。なぜなら、指導者の結果とは、選手自身が結果を出すことだからです。できているところ、強みを承認し、関係性をよくしながら、うまくいっていないときに勇気づけ、うまくいったときに「まだまだ、お前はそんなもんじゃない。もっといけるよ」と激励し、新しい価値を見せる。誰もがそんな指導者に憧れるし、指導してもらいたいと思うのではないでしょうか。


相手の気持ちが乗っていなかったら、それも一旦受け入れる。

「言いたいことがあったら言ってごらん。なんでもいいよ」

「こんな会社では、そもそも働きたくないと思ったんです。こんな上司の元じゃダメなんです。大体こんな仕事はやりがいがありません」

どんなことでも「そうなんだ」とただ受容するだけです。自分の価値観と違うと、ついつい批判したり、反論したり、正論を言ってしまいがちです。モヤモヤしても、とにかく「そうなんだ。そうなんだ。そんな気持ちなんだね。そんな感じなんだね。そんな思いなんだね」とイエスもノーもなく受け止める。

指導者は正しい方法を指導するもの。正論を言うことが仕事だと思いがちですが、本人はわかっているけど、やりたくないというところに逃げているのです。正論を言われるとイラッとするでしょう。

甘えや依存を聞いていると、聞いている側もイライラしてくるかもしれませんが、正論を振りかざして相手はやる気に満ち溢れるでしょうか？　説き伏せられてしまうのではないでしょうか？　それでは組織はゴールから遠ざかっていきます。ゴールに到達しないことのほうが、組織にとってダメージが大きいはずです。

「白井さん、部下が甘えていて、我慢するのはしんどいです」

「怒ったら何かプラスがありますか？」
「短期的には部下は動くと思います」
「それは部下が育っていますか？　上司の役割は部下を育てることではありませんか？　だとしたら、目の前の部下の相談を受けて感じるイライラと、組織としてパフォーマンスを発揮できないイライラのどちらを取るのですか？」

組織にとってマイナスの行動をしているかもしれません。しかし、そこに好き嫌い、イエス・ノーのジャッジをしているのは自分自身です。「相手に問題がある」ではなく、「自分の指導に問題がある」のです。

もちろん、すべてをネガティブに返してくる人はいます。そういう人が部下であったり、直属の上司であったり、家族であったり、付き合わざるを得ないときには、アプローチはしても深入りしないほうが得策です。「わたしはこう思う。

わたしはこうしてほしい。やるかどうかはあなたが決めていい」で終わりです。

相手の機嫌が悪かろうが、絡んでこようが、自分は機嫌をよくする。深入りしない。相手の機嫌がよくなる何かがあるならしますます。ただ、直に解決できないのであれば、自分がつられて機嫌が悪くなって関係性がギクシャクするより距離を取ります。相手の感情や思考はコントロールできないので、自分が何かしたことによって気分を害してしまったのなら謝りますが、自分は今日もご機嫌に生きるのです。

もし定例ミーティングのメンバーに毎回ネガティブなことを言う人がいたら、全体に話を投げかけます。「できない理由ではなく、どうやったらできるかみんなで意見を出してほしい」と、ミーティングのルールを全体で再確認します。

また、何かがうまくいかないとき「あの人が、あの部署があれをやっていなかったからだ」という話になりがちです。それは原因追及なので問題解決につながりません。

会議のルールは原因追及をしない。できない理由探しをしない。

「負けのなかでも出た成果は何かな？」

「どこがよかった？　次にどんなことをしたら勝ちに結びつきそう？」

「そもそもゴールってどこだっけ？　そのために改善できることはある？」

問題解決型の意見を出してもらえるように質問をしていきます。

それでもネガティブキャンペーンを張る人がいたら、「会議のルールってなんだったっけ？　今日はどういうことを話そうと言っていたかな？　そこに一度焦点を合わせてくれるかな？」と、組織のルールを伝えます。

「今、きみが言っていることは、意見を出した人を勇気づけたかな？　チームのゴールに向かっていたかな？」と進むべき方向性を示したうえで起こっていることを事実として確認します。

ルールを定めたとはいえ、各々が役割責任を１００％全うするとは限りません。決めた直後はやる気でも途中で挫折したり、あきらめてしまったり、面従腹背で実行しているふりをしているパターンもあります。そのときも伝えることは同じです。

「我々は何をめざしているのだっけ？　今していることはチームにどんな影響を与えている？　役割責任を果たしているかな？　周りにどんな影響を与えているかな？　会議で決まったとき、きみは自分の役割をなんて言っていたかな？　ちょっと聞かせてくれる？　何か言いたいことがあったら、遠慮なく言ってね」

「とくにありません」

「ないんだ。じゃあ見つかったら言ってね」

本人が詰められている、説き伏せられていると感じるともうやらないので、批判や否定はしません。ゴール、決めたこと、事実を確認します。

指導者の感情処理

メンバーのネガティブな反応に対してストレスを感じるかもしれませんが、湧き上がってきた感情、ストレスとどう向き合うかは自分で決められます。

自責のスタンスに立てば、肩に力が入らず、起きていることを潔く受け入れられます。選んだのは自分の責任。期待したとおりにいかなかったのは力がおよばなかっただけ。自分はもっと成長したいから自分ができることをやっていくだけです。相手も自分も責めないので、相手との関係性も自分との関係性も壊れません。

「やることはやったよね。この結果はどう？　悔しい？　じゃあ、次に活かせることは何かある？　どんなことができるようになったらめざすところに行ける？」と自分にもコーチングをしながら、解決策に焦点を当てて行動していきます。この基盤ができるといつもご機嫌でいられます。

もちろん、湧き上がってくる感情はあります。そんなときにはセルフメンタリングです。

「腹が立ったね。イラっとしたね。はい、終わり」

「目の前の人とどんな関係を築きたい？　そのために今の感情は必要？　いらなければ、置いて行こう」

感情は受け止めるだけです。自然と湧き上がってくるものですが、感情とも戦わない。相手とも戦わない。自分とも戦わない。感情処理とは、ゴールに焦点を合わせることを習慣にするだけなのです。

「腹が立ったね。裏切られたね。悔しいね。そもそも選んだのは自分だし。学べたよね。これからはああいう人を選ばなきゃいいだけだよね。それがゴールだよね。今回は自分の見る目がなかったんだね」

こう振り返って、最善を尽くしたと自己承認する。相手も自分も責めない。

真面目な人は相手を分析して、裏切らない人の特徴みたいなものを書き出したり、今度からはこういう人に注意しようみたいなことを始めてしまいますが、分析対象は相手ではなく、自分にしましょう。自分のどういうところがその人を選んだのか。どうしたらもっといい人を選べるのか。自分と対話しながら探っていくほうがよいのです。

あの人のどこがダメなのか、なぜダメなのかと分析し出すと、もう嫌いで嫌いで止まらなくなるし、そもそもそこを追及したところで次には活かせません。

「選んだ理由ってなんだっけ？　じゃあ、どんな人を選びたいの？」と自分を分析したら前へ進めます。

メンタルが強い人

私自身35年以上、個人としても指導者としてもメンタルトレーニングをしてきました。そのゴールはワクワク感です。

「失敗したらどうしよう？」

「うまくいかなかったらどうしよう?」

なんて考えた瞬間にもうワクワク感ゼロです。そのメンタルでは恐れや萎縮しか生まれず、失敗の確率が高まります。

そもそも成功するために我々はスポーツをしています。絶対できると思って取り組んだほうが成功する可能性は高い。できたらどんないいことがあるのか考えたほうがワクワクします。もう成功しかイメージしない。考えない。失敗するかどうかはやってみないとわかりません。だから、始める前から失敗は考えません。成功しか考えない。失敗は失敗してから考えたらいいし、次の方法は失敗してから考えたほうがいいのです。

いつもゴールに焦点を合わせて進んでいるからワクワクするのです。

「これが成功したら、こんな価値がある」

「こうしたらうまくいきそうだ」

もうワクワクしかありません。

失敗を考えた時点でできない理由を探しているのです。わたしはできる理由しか考えません。

「これを成功させるために何かできることはないかな？　あれがある！　これもある！」

どんどん可能性が膨らんでいきます。だからゴールしか見ない。たとえ失敗しても、起きてしまったことはどうしようもないから気にしない。

本来はとても気にするタイプですが、気にしても仕方がない。確かに批判されたら悲しいし、全然幸せな気持ちにはならないけれども、「そういう人もいるよね」で終わりです。自分の心が惑わされたり、ゴールを見なくなることのほうがわたしにとってはダメージが大きい。いろんな感情はあるけれど、それに左右されてゴールから遠ざかるほうがつらいのです。

だから、「否定されたら悲しいけど、自分はゴールに向かうよ。責められてうれしい人はいないけれども、責める人はいるよね」で終わりです。相手を批判したら倍返しで批判されます。エンドレスです。「あなたはそう思ってるんだね。そういうふうにわたしのことを見てるんだね。わかった。それは受け止めるよ。じゃあね」で終わりです。

感情が湧かないわけではありません。そことは戦わないと決めているだけです。気にならないわけではありません。気になります。でも戦いません。「気にするのはゴールだけ。自分のできることだけ。やるべきことだけ」。これをつねに反芻《はんすう》しています。

すると、選手が失敗をしても自分の指導した結果ですから、チャレンジしてくれた選手には感謝。それを学びとして次はどうしたらいいかを考える。自責と成長のサイクルに入っていけます。

その失敗が致命的なものであったとしても、起きてしまったことを引きずって、自分を責めて何が起こるでしょうか？　失敗をマイナスに作用させても傷口が広がるだけです。

大いに謝罪も反省も必要です。でも、引きずっていても仕方がありません。乗り越えた先にその経験がプラスになるかどうかはわからないけれど、自分をどんどんダメな方向にもっていくなら、少しでもプラスになるかもしれない方向をめざしたほうが救われます。だから、無理して自分を責めなくてもいい。苦しまなくてもいい。

私自身、自己主張も強い。正義感も強い。曲がったことが大嫌い。そのことで自分の正しさを振りかざして他人を傷つけ、人間関係が悪くなったことはたくさんあります。

すべてのストレスは人間関係です。「おれは正しい。お前が間違ってる」と思いながら、自分自身がつらい思いをして、人間関係が壊れてストレスに押し潰されそうになった経験を山ほどしました。

ただ、めざすところからはどんどん離れていくし、正しさを背負って相手をコントロールしようとすると、自分も相手もダメにするということがわかってくるわけです。

いい人生を送るためには、いい人間関係が必要で、どうしたらいい人間関係ができるのか考えたら、批判されても、攻撃されても、戦わないほうがいい。それがほんとうに腹落ちしたのはここ10年くらいのことです。何か大きなきっかけがあったわけではなく、自分の人生における指導者としてのゴールだけを見るようになりました。ゴールに向かっているときだけ、ワクワクしているし、心地いいと実感して少しずつゴールに向かっている自分がいるかどうかだけを重要だと考える価値観になっていきました。

「ご機嫌でいたいですか？」

そうであれば、わたしはゴールだけを見る人になります。コントロールできることだけをコントロールする人になります。聖人君子ではないので、ちょっとダメなことをやったりするけれども、そのときに「あー、やっちゃったね。もうやらない」と決めているだけです。「安易に自分の心を傷つけたり、他人を傷つけることはやめようね。正論を振りかざしても、相手を責めてもなんのプラスもないよね」と自分に言い聞かせるのです。

願望、要求の違う相手と関わる

たとえば、わたしは年間200日間の研修があります。今回WBCで世界一になったことで依頼が増えて、休みがほとんどない状況になりました。家族と過ごす時間が減ってしまいました。

「今は仕事も忙しいけれど、共通の趣味である畑いじりの時間は取るようにするよ。あとゴルフはぼくだけがするけど、ストレス解消、メンタルトレーニング、人間関係も広がるからしたいことなんだ。一緒に過ごす時間は減るけど、家族旅行やキャンプは最大限してるんだ。だから理解してほしい」

このように話を進めていきます。頑固ではありません。戦っていません。問題は問題として完了して、どうしたら解決できるかを建設的に話していきます。

相手はこちらを変えようとしてくるかもしれませんが、戦いません。わたしが相手を変えられないように、相手もわたしを変えることはできない。でも家族がもっと一緒に過ごしたいと思ってくれていることはうれしいと素直に伝えます。
「仕事も好きだから、年間300日働いて多くの人に喜んでもらえること。お金を稼いで家族が物心共に豊かになることがうれしいし、やりがいを感じている。体力も使ってるし、現場では嫌な思いをすることもたくさんある。全然真面目に研修を受けてくれない人がいたり、フィードバックで厳しいことを書かれたり、ショックは受けるけど、それ以上に生きがいとして仕事をしている。でも、リラックスもしたい。それが何かというとゴルフなんだよ。畑をつくる時間もそうだよ」

願望、要求の違う相手と関わるとき、自分の思いは伝えます。相手がそれをどう感じるかは相手しだいです。話し合うなかで、自分のことしか考えていなかったと思うことがあれば、素直に謝って行動を改めます。

いつも上機嫌でいるために

ここまで述べてきたことを取り入れたいと思うか、思わないかは人それぞれでしょう。しかし、定着すれば誰でもゴールに焦点を合わせて、すべては自分が源で、コントロールできるものだけをコントロールする人生を歩めます。

なぜこうした価値観で生きるのか？　自分が心地いいからです。ご機嫌でワクワクしていたいからです。いつもニコニコしていて周りも笑顔にできる自分が好きだし、そういう自分になりたいからです。在り方ですから、今この瞬間にできます。才能もスキルも必要ありません。

自分が発する言葉をいちばん聞いているのは自分ですから、思考より言葉を管理していくことで行動が変わりやすくなります。思考が言葉に、言葉が行動に移っていくのですが、思考は目に見えないので、何に表れるかと言えば言葉です。言葉を先に変えることで、行動が変わって、思考が変わっていきます。言葉を発すると責任があるから行動するようになります。それを続けていると、だんだんそうした言葉、行動を発する人間の思考が醸成されていきます。わたしも実践しながら、講師として発信しているので、より一層定着しやすいのです。

また、気分よく生きるために、体調管理はすごく大事です。62歳でも若々しくいるには当然運動も必要です。運動は疲れるというイメージがありますが、本来は運動すれば元気になります。「気持ちよかった。元気になった。すっきりした」

という感情を味わえると、運動が楽しく元気になれるものになります。

そもそもなぜ運動するかと言えば、健康になるためです。だから、元気を実感できる。元気につながる運動をするのです。これも言葉の管理です。運動は元気になるもの。すっきりするものと捉えて、運動したあとの言葉を変えていく。修行僧のような苦しい顔をして運動するより、そもそも楽しいものですから、楽しそうにしたほうがいい。表情もそういう表情をつくる。

わたしはアプリで計測して、1日に1万2000歩を歩くことを心がけています。朝1時間半ほどかけてウォーキングします。それだけで1万歩は歩けます。

2万歩の日もあるし、5000歩の日もあります。平均して1万2000歩になるよう1ヵ月のなかでスケジューリングしていきます。これは自分でできると思って設定した目標です。

朝どうしても疲れている日や時間がないときはしません。できないときも受け入れて、何がなんでも毎朝ウォーキングするわけではありません。休む時間も大切です。

出張も多いので、朝、歩いているとその土地の雰囲気、季節を感じられます。「やっぱり歩いてよかったな」「今日は1万7000歩も歩けた。5000歩も貯金ができた」と、どんどん価値をつけていきます。

トレーニングをサボって「今日はラクできた」というところには価値を感じないので、自分でプログラムをつくって、ウォーキングをしながら柔軟性、可動域、筋力、バランスを鍛えるようなトレーニングをしています。ジムを往復する時間も省けます。

日常生活でほとんど動かさないのが肩甲骨や股関節です。身体をねじったり、ひねったり、腰より腿を高く上げる動作は普段の生活ではなかなかしないので、そういった動作を取り入れてウォーキングしています。普段使わないところを意識的に使っていく。身体は使わないところから衰えていきます。

大体、研修は朝9時から始まるので、5時半には起きて、7時ぐらいまでウォーキングをして、シャワーを浴びたら、朝食は果物中心で、昼は炭水化物を摂って、夜は野菜中心でバランスよく食べます。お酒はコントロールしながら飲んでいます。

すべてゴールに向かって、効果的に考えて、言葉を使って行動していきます。
「なんのためにそれをしているの？　それをすることでどんなことが起きているの？　どんな気持ち？　これを続けたらどんな80歳になっている？」

一つひとつ意味づけしていきます。自分のゴールが明確になると、行動も明確になります。

なりたい自分に近づきたい。ご機嫌な自分が好きだからご機嫌でいたい。そうなりたいのだから、そこへ向かって進んでいくことがいちばん心地いいので、それをするだけなんです。「でも」「だって」いろんな言葉が出てきますが、なりたい方向へ行ったほうがいいからそうしているだけです。今の感情に流されず、上機嫌でいること。そのために言葉を管理していくこと。それを我慢と捉える人もいるかもしれません。ただ、ゴールに行けなかったときに味わう感情に比べたら、大したことではありません。

もちろん、運動にしても仕事にしても、歯を食いしばってがんばる場面はあります。それは我慢ではありません。歯を食いしばってがんばることが効果的なシーンだからです。

フルタイムで働いて、子どもを保育園から連れて帰ってきて、食事の支度をして、お風呂に入れて、寝かしつけたらようやく自分の時間。それまではずっと歯を食いしばってがんばって過ごされているという人もいるでしょう。

それが「子どものために、家族のためにしてあげている」と考えたらストレスになります。親の幸せは子どもが幸せになることです。自分が幸せになるために、子どもの幸せに関わらせてもらっているだけです。子どものためではなく、自分のためにやっているだけです。ゴールは幸せです。

組織も同じです。失敗したり、ミスをした選手に対して「足を引っ張りやがって……」と批判する選手がいます。なぜ組織になるのでしょう？　自分一人では達成できないゴールに到達するためです。どういうチームでプレーをしたいか？　チームにどんな影響を与える存在になりたいか？　チームメイトとどういう関係を築きたいか？　自分がいいプレーをしたら仲間が自分のことのように喜んでくれたらどんな気持ちになるのか？　反対にミスをしたときに励ましてもらえたらどれほど勇気づけられるのか？

喜びも悲しみもつらい思いも共有するのがチームメイトです。だから、仲間の成功は自分の成功なのです。

そう考えたらやってあげているではなく、自分のためにやっているだけ。家事も育児も自分のためにやっているだけ。なぜするのか？　家族がいつもご機嫌でニコニコしてくれて幸せになってくれることが自分の幸せだからです。自分のためにしているのです。

選手が成功することでしか、指導者の成功はありません。わたしは自分の成功のために、選手の成功に関わらせてもらっている。自分のためにやっているから、選手の成功した顔を見ているととてもうれしいです。だから、選手が成功しないのは、すべて自分の責任です。自分の不成功です。

多くの人はやってあげてる。してあげてる感を出してしまいます。利他というのは、自分を差し置いて人のためにすることではありません。それをすることに自分が喜びを感じるからするのです。相手を幸せにすることが自分の幸せだから一生懸命になるのです。それは自分のためにしているだけです。してあげているではなく、相手の幸せに関わらせてもらっている。仕事をさせていただいている。相手のためにやってあげているわけではありません。この捉え方が違うだけでも、人間関係のストレスはまったく違います。

優先順位をつける

会社でプレイングマネジャーの役割を担っていて、個人としてもマネジャーとしても結果を出さないといけない立場の人もいると思います。

現場では個人で成績を出すために部下の育成が疎かになったり、マネジメントで手一杯であったり、組織から成長の機会を与えられながら、自分のキャパシティを超えた責任範囲に必死になっている人もいるでしょう。

まずプレーヤーとしてもマネジャーとしても結果を出したいと思っているか、ゴールがどこにあるのかが重要です。部下が結果を出したら、組織の結果が出ているわけですから、リーダーとしては結果を出せています。自分の結果も出ているし、組織の結果も出ている。一方、個人で結果を出すことでメンバーにもプラ

ゴールに到達するためにはZ型で行動の優先順位をつける

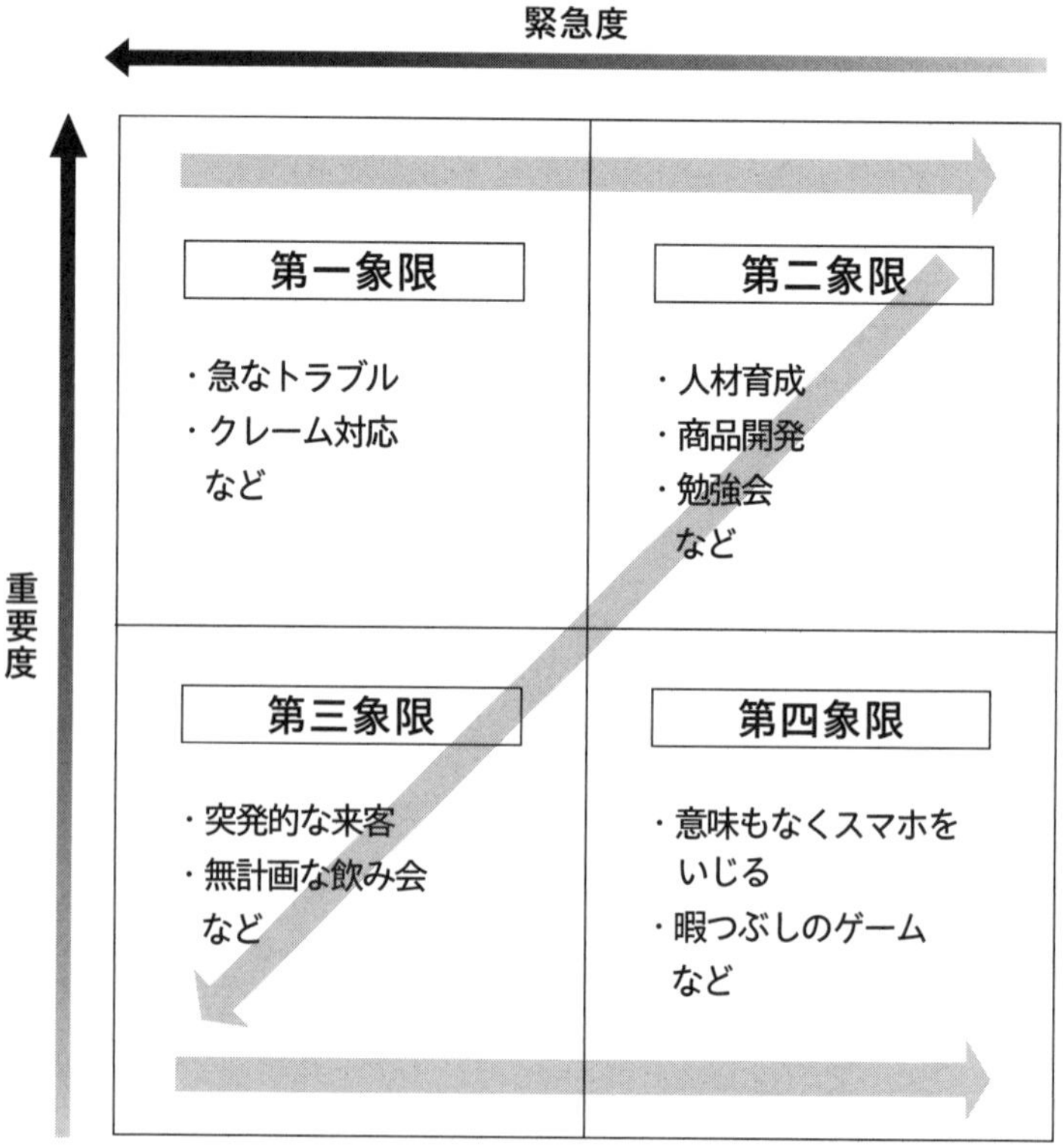

スの影響になります。
「あの人はすごいな。個人でも結果を出していて。自分たちもマネジャーに負担をかけないようにがんばろう」と思われる関わり合いをしているかどうか。
どちらかではなく、両方を選びます。できるかどうかはわかりません。優先順位はつける必要はあります。

緊急かどうか、重要かどうか。いちばん優先すべきは重要度の高いもの。つまり、ゴールです。

しかし、小さい組織や未成熟な組織だとリソースがなく、つねに緊急事態のような状態に陥ってしまっているかもしれません。ただ、メンバー育成をしていないと、いつまで経っても自分が火消しに追われます。その状態をつくり出しているのはリーダーです。すべて自分の責任です。

週に一度、1時間はミーティングをするなど、どんなに忙しくても時間はつくれるのです。メンバーが育つと緊急案件は減っていきます。どんどん第二象限に時間を使えるようになります。いつまで緊急なことに振り回されるのですか？それがほんとうに心地いい状態ですか？　もし時間をつくってチームビルディングができると緊急度の高いものは減っていく。そうなったらラクです。だから、第二象限に時間を使う価値はあります。

時間は限られています。限られているから、いちばん有効なことに使っていくよう優先順位を考える。できることを探していく。

わたしは、年間200日以上は仕事を入れていたなかで、WBCの効果で400本の依頼をいただきました。ほとんど休みもなくなりましたが、求めてくれる人がいるのでできることをします。人への貢献という意味もあって仕事をしているので、みんなに喜んでもらえることがうれしいし、幸せだから、体力的にはしんどいけれども、それ以上に達成感が大きいので心地よい疲労感です。

「仕事が大変だ」「時間がない」とは言いません。ありがたいし、感謝されると、プラスの影響を与えていける人になりたいというゴールに近づいていると思えるので、できる限り働いていきたいと思っています。

書籍を出版するということも、自分が亡くなったあとも、貢献できるものなので、自分にとっては価値を感じています。

わたしにとって重要度のいちばん高いもの。人生のゴールは、死ぬときに「あー、いい人生だった。幸せだった。みんな、ほんとうにありがとう」という言葉が、心の底から湧いて出てくることです。

だから、「生きている以上は多くの人に貢献して、少しでも喜んでもらえたらいいな、プラスの影響を与えられたらいいな」と思っています。いつも不平不満を言っているおじいさんが死ぬ間際に「ありがとう」と言ったら嘘っぽいですよね。いつも幸せそうでご機嫌なおじいさんが周りに感謝しながら亡くなったら、

「ほんとうに楽しそうな人生だったよね、あんな人生送れたらいいよね。悲しいけど、なんかうらやましかったよね」みたいに思われるでしょう。

そういうイメージがゴールです。だから、いつもご機嫌で、人の役に立つことを考えて行動するのです。それが幸せだったり、心地いいので、仕事と遊ぶ時間ならより多くの人に喜んでもらえる仕事を選びます。わたしにとっては仕事のほうが価値を感じるからです。

もちろん、人間なので、「ちょっと仕事を入れすぎてしまったな」「体力的に厳しいな」という場面は当然あります。でも、それを選んだのも自分です。「来年は少しペースを落とそう」など、調整をします。あるいは回数を減らして、一度の人数を増やすかもしれません。そういった仕事のマネジメントはしていきます。

また、ワインが好きなのでお酒を飲むこともあります。お酒の席に行くことで話が弾んだり、人脈が広がったり、人生が豊かになることはたくさんあるので、ガチガチにスケジュールを固めて仕事だけをしているわけでもありません。ただ、身体を壊すほどは飲みません。ゴールを疎かにして、目先の楽しさだけには逃げません。

仕事ばかりしていても、長期的には疲弊するので、たまにお酒の場に行ってストレスを解消したり、先に述べた毎日の体力づくりも第二象限のことです。

どうしても目の前の感情や快楽、楽しいというところをぐるぐる回っていて、そこが心地いいと安住してしまいがちです。

たとえば、ここをがんばって成功を選ぶか、不成功を選ぶかと言われたら、成功したいと誰もが答えます。でも、しんどい思いはしたくないからサボるということをしているわけです。自分自身に「どうなりたいの？　どこに行きたいの？　そのためにどうするの？」と問いかけたら、自ずとどう行動すべきかの答えは出ます。ゴールに向かうのが喜びだから、ストレスはないのです。自分で自分に問いかけたらやらざるを得ないから、やる前にサボる。あるいはダメなのはわかっていてもそれをしてしまう。

答えは自分の中にあるのです。

どうなりたいのか？
どんな人生を築きたいのか？
仕事で何をしたらいちばん達成感があるのか？
貢献できたという実感があるのか？
そもそもなんのために仕事をしているのか？

これらはすべて問いかけたら答えが出てくるはずです。でも、決めるのは自分自身です。わたしにとってはゴールが重要です。ゴールに向かっている自分が好きだし、心地よさを感じるので、ゴールに焦点を合わせてセルフトークし、どうしたら近づけるかを日々考えて行動していきます。すると、ほんとうに何がいちばん心地よいかがどんどん自分のなかで定まっていきます。自分が幸せになるため、人に幸せになってもらいたいと心から思います。利他ではなく利己でもなく、自責です。

自分さえよければ、周りはどうでもいい。人を踏み台にしてまで成功したいとは思いません。

自分も周りの人もよくなってほしい。でも人を幸せにしようとは思っていません。自分が気持ちよくなるために、人に喜んでもらいたい。自分が成功したいから、目の前の人にも成功してほしい。

優勝したいと全チームが思っているけれども、優勝できるのは1チームだけです。世界一になるためにアメリカもメキシコも倒すべき相手です。勝ちにこだわります。成功にこだわります。競争にこだわります。

ただ、焦点は自分です。相手を見て倒そうとするのではなく、倒すために自分たちができることに集中するだけです。結果的に勝ち負けがつきます。

目的志向なら、たとえ勝てなくても学びは増えるし、意欲は高まります。逆に目標志向なら勝っても油断が生まれて、次は失敗の可能性が高まります。あるいは、手段を選ばずに相手を傷つけようが、ルールを無視しようがなんでもありになるかもしれません。目的を失って、目標だけになると、勝っても真の達成感は得られないのです。

おわりに

チームビルディングというと、会社組織やスポーツのチームなど大きな枠組みで使われるものと捉えられがちですが、家族も、クライアントとの関係もチームです。2人以上いれば、そこにコミュニケーションが、関わり合いが発生し、多くの人がうまくいかずに苦しんでいます。

今回の侍ジャパンでは、全員が犠牲心をもち、主役も張りながら、幸せ空間をつくり、ゴールを達成したところに多くの共感や感動が生まれたのではないかと思います。

成果ではなく結果だけを見てしまったり、気がゆるんでしまったり、自分と向き合うより相手を見て、相手に原因を求めてしまうことは誰だってあります。

わたしはチームが勝って選手が油断しているときほど厳しく接します。
「今日は勝つことができた。でも、ゴールを見据えて、チーム全体でやるべきことをやろうとしていただろうか？　今日の姿勢はチャンピオンとしてふさわしいものではなかったよ。我々は優勝をめざしているんだ。こんな戦い方は二度と見たくない！」

もちろん、いちばん反省すべきは指導者である自分自身です。ただ、成果の積み上げが結果を左右すると考えたときに、チームとしてやるべきことに労力が払われていなければ、指導者として叱る責任があります。責める、罰するではなく、強い提案、交渉です。自分自身を律することができなければ、一流の競技者になれないのです。

「どうなりたい？　優勝したい？　一流になりたい？　選ぶのは君たち自身だ」

これは自分自身にも問いかけている言葉です。

指導者は「結果が良かったらほめる。悪かったら叱る」ということをしてしまいがちです。指導者自身が成果ではなく、結果に焦点を当ててしまうと、結果が良ければ慢心し、悪ければストレスを溜めてしまいます。

指導者はなぜ選手とコミュニケーションを取るのでしょうか？　めざすゴールへ一緒に到達するためです。選手は毎回打席に立ったり、守備についたら、勝つために学べるものがたくさんあるわけです。私たち指導者は体感できない分、選手以上に学び、勝ちにつながる行動をチームとしていかに全うできるかを考え続けねばなりません。

だから、負けてもすばらしい成果を積み上げたら、賞賛に値する試合です。

「今日は負けたけど、最後まであきらめない姿勢があったのはすばらしい成果だ。チームとしてやるべきことができていた。これを積み上げていこう」

この本に書いたことは理想論だと言う人もいるかもしれません。指導するなかでうまくいくことばかりではないからです。

理想はめざすことではじめて叶います。私たちはできない理由、やらない理由を探しがちです。でも1999年にファイターズで始めたことと、今回のWBCで指導してきたことの根幹は何ひとつ変わっていません。

「理想かもしれない。でも世界一になりたいんだよね？　最高のチームになりたいんだよね？　だったらみんなで一緒にやってみようじゃないか」

こう思う人間が1人、2人、50人、100人と増えていくことでほんとうに理想のチームになっていきます。信じることは誰でもできます。

理想のチームはできるのです。めざせばできる。本書を通してそれが少しでも伝わればさいわいです。そうなりたいのであれば、向かっていくほうが幸せです。心地がいいのです。うまくいくかどうかは、始めてみてから考えればいい。

「でも……」「だって……」は「わたしはやりたくありません」という宣言と同じです。

「だからこそ、価値があるんじゃない？　だからこそ、やりがいがあるんじゃない？」

どんどん価値を乗せていきましょう。強くなりたい。勝ちたい。こういう環境が欲しい。こういう組織がいい。成功したい。幸せになりたい。お金が欲しい。やりがいが欲しい。すべて願望です。だったら、どんな行動に価値がありますか？　どんな成果を積み上げていくのが効果的ですか？　ゴールに向かっているという実感がわたしにとってのやりがいであり、大切にしている価値観なのです。

価値とは誰が決めるものでもありません。いつもご機嫌で心地よくいられるように、自分らしい価値と思えるものに向かっていっていただければと思います。

ＷＢＣを終えて、わたしも新しいゴールを設定しました。それについてはさまざまな批判の声をいただいたり、「火中の栗を拾うのか？」とご心配いただくこともありますが、やらないで後悔するよりはやって後悔をしたい。できるかどうかよりもやろうとすることのほうが自分らしいのです。

環境が変わった。方針が変わった。立場が変わった。そのときに「今までとはまた違った意味があるかもしれないな。この新しい環境、出会いで何が起こるんだろう？　どんな新しい価値を生み出せるだろう？」と考えたほうがワクワクしませんか？

最高の指導者とは、学び続け、成果をめざし続ける指導者です。だから、誰でも最高の指導者になることができます。私自身も指導をしながら、誰よりも指導内容の実践者であるために、学び、チャレンジし続けます。

今回、3冊目の書籍を出版する機会をいただいたアチーブメント株式会社の青木仁志社長、大澤弘子副社長、アチーブメント出版株式会社の塚本晴久社長に心より感謝を申し上げます。

2023年6月
白井一幸

著者紹介

白井一幸（しらい・かずゆき）

1983年日本ハムファイターズにドラフト1位で入団し、プロ野球選手として13年活躍。選手引退後に、1997年より日本ハムファイターズの球団職員となり、ニューヨーク・ヤンキースでのコーチ研修を経て、2000年に2軍総合コーチに就任。以来、二軍監督やヘッドコーチなどを歴任する中で、従来型の選手指導方法を一新。コーチングを取り入れた選手指導で次々と優秀な若手選手を輩出し、リーグ優勝3回、日本一2回を達成。2023年WBC侍ジャパンヘッドコーチとして世界一を達成。

2008年より講演・セミナーなどの講師活動を開始し、現在は研修講師としても活動している。圧倒的な実績と実践的な理論に裏打ちされた説得力のある研修は、「分かりやすく実践的」と多くの企業から好評を博している。著書に『答えは相手の中にある』『北海道日本ハムファイターズ流一流の組織であり続ける３つの原則』（小社刊）など。

アチーブメント出版
twitter @achibook
facebook https://www.facebook.com/achibook
Instagram achievementpublishing

より良い本づくりのために、ご意見・ご感想を募集しています。
お声を寄せてくださった方には、抽選で図書カードをプレゼント！

侍ジャパンヘッドコーチの最強の組織をつくるすごい思考法

2023年（令和5年）7月23日　第1刷発行

著　者　白井一幸
発行者　塚本晴久
発行所　アチーブメント出版株式会社
〒141-0031
東京都品川区西五反田2-19-2　荒久ビル4F
TEL 03-5719-5503／FAX 03-5719-5513
https://www.achibook.co.jp

装丁　荻原弦一郎（合同会社 256）
本文デザイン・DTP　次葉
校正　株式会社ぷれす
編集協力　est Inc.
印刷・製本　株式会社光邦

ISBN 978-4-86643-136-9

答えは相手の中にある

多くの人がやらされているというスタンスからどうしても抜け出せません。そういう人たちに、指導者はどんな関わりができるでしょうか?

- 主体的に行動するハイパフォーマンス人材を育てる秘訣
- 目標達成に向けて一致団結したチームをつくるために必要な理論と方法

野球界で結果を出してきた手法をビジネスに置き換えて指導者に必要な心構えからケース別の対応まで徹底解説!

白井一幸 著

本体1300円+税

四六判・並製・184頁

ISBN978-4-86643-069-0

北海道日本ハムファイターズ流
一流の組織であり続ける
3つの原則

1999 年にチームを改革し、44 年ぶりの日本一を達成! 2013 年最下位へ転落したチームに舞い戻り、V 字回復でふたたび日本一に! 球団から再建を託された仕掛人が最下位チームの選手たちを日本一のメンタルに変えた! 球界では語られてこなかったどん底のチームを最強チームに育てる逆転の発想!!

白井一幸 著

本体1300円+税
四六判・並製本・184頁
ISBN978-4-86643-007-2

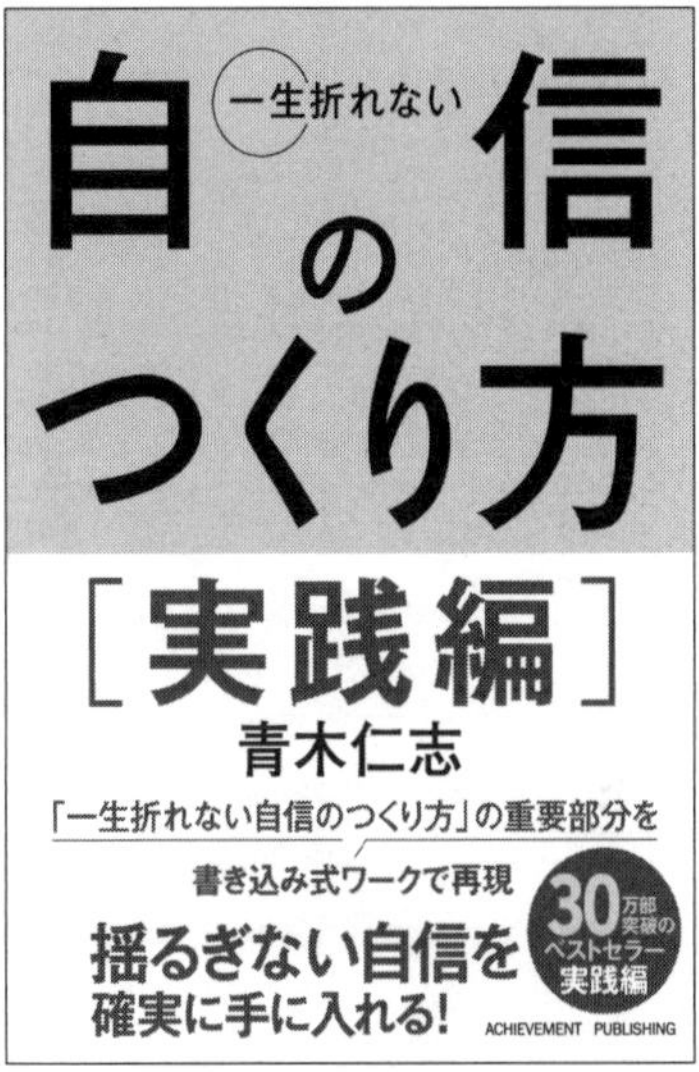

一生折れない自信のつくり方
実践編［文庫版］

30 万部突破のベストセラー『一生折れない自信のつくり方』の重要部分を図解化し、書き込み式ワークで再現。揺るぎない自信を確実に手に入れるための「実践編」ついに文庫化! 人生を変える力はあなた自身の中に――。

青木仁志著

650円+税
文庫判・並製本・224頁
ISBN978-4-86643-129-1

強さの磨き方

格闘技×医師の著者が解き明かす「強さ」とは? どうすれば強くなれるかを求めるならば、そもそも強さとは何かを知らなければなりません。本書は格闘技ドクターという立場でつねに強さに寄り添い、観察してきた私自身の発見と答えです。

二重作拓也 著

本体1500円+税

四六判・並製本・280頁

ISBN978-4-86643-092-8